# 기억이 머무는 곳

# 기억이 머무는 곳

박명철 수필집

말그릇

## 저자의 말

글을 쓰다 보면 어릴 적 들었던 어른들의 푸념이 떠오른다.
"내 고생을 다 말하려면 책으로 몇 권은 될 것이다."
허풍처럼 들릴 수도 있지만 이 말에는 삶의 굴곡을 가슴에 품고 살아온 이들의 애환과 그 길을 기록으로 남기고자 하는 간절한 바람이 담겨 있다.
인간은 본능적으로 자신의 흔적을 남기고 싶어 한다. 기념비와 자서전, 공공시설물에 새겨진 이름, 혹은 소소한 일상 수필 한 편까지. 모든 기록은 한 개인의 발자취를 오래도록 기억하려는 노력의 산물이다. 나 역시 글을 쓰면서 같은 바람을 품었다. 삶의 흔적을 글로 남기고, 내가 느끼고 깨달은 바를 세상과 나누고 싶었다.
이 책은 2부로 구성했는데, 1부 '걸어온 발자국'에는 내 삶의 행적을 담았다. 어릴 적부터 일기를 쓰는 습관 덕분에, 특별한 감동이나 이례적인 사건이 있을 때마다 기록으로 남겨두었다. 그 기록은 70년이 넘는 세월을 품고 있으며 내가 거쳐 온 수많은 장소와 연결되어 있다. 그중에서도 내 삶의 중심은 군대였다.

나는 일본 식민지 체제 아래에서 6년간의 초등 교육을 받았다. 감수성이 예민한 청소년 시절을 광복 후의 정치적 혼란과 극심한 빈곤 속에서 보냈다. 설상가상으로 민족의 비극인 6·25 전쟁이 발발했고, 대한민국의 영토가 낙동강 이남과 제주도로 한정된 절박한 상황에서 나는 징집되어 군인이 되었다.

당시 신병 훈련은 매우 열악한 환경에서 이루어졌다. 그래도 군인이 됨을 국민의 당연한 의무로 여기며 최선을 다해 훈련을 받았다. 이후 사병으로 그리고 장교가 되어서도 전방 근무로 전장을 누볐다. 휴전 후에는 직업군인이 되어 월남 파병군에도 자원 근무했고, 다행히도 장군으로 승진한 후에는 영광과 책임 사이에서 10년을 보냈다.

생사의 경계를 넘나들던 전장에서도 나는 기록을 멈추지 않았다. 50대 중반에 군문을 떠난 이후에도 나는 글을 쓰는 습관을 놓지 않았다. 그렇게 남겨온 조각들이 인생 저물녘에 이르러 책 한 권으로 묶게 되었다. 다행스럽게 생각한다.

노년의 삶은 때때로 무미건조하고 단조롭다. 특별한 일이 없어 무료히 지내던 내게, 문우(文友) 이조경 씨가 글쓰기를 권했다. 그는 일본어 '이키가이(生き甲斐, 사는 보람)'를 언급하며 나를 격려하고 부추겼다. 나는 권유에 이끌려 소장했던 기록들을 다듬어 책으로 엮어 볼 생각을 하게 되었다.

이 글이 단순한 회상이 아니라 누군가에게 의미 있는 깨달음이 되길 바라는 마음이다.

2부는 '절기 따라 가보자'이다. 2024년 새해를 맞아 의미 있는 무언가를 해보자는 마음이 들던 참에 한 친구에게서 입춘(立春)을 알리는 메시지가 왔다. 새해를 건강하고 보람차게 보내자는 영상 편지였다. 그 메시지를 보며 문득 생각이 떠올랐다. 입춘이 한 해의 첫 절기이니, 절기의 흐름을 따라 자연이 어떻게 변해가는지를 살펴보면 뜻깊은 시간이 되겠다는 생각이 들었다. 그렇게 절기 소재를 글로 써보기로 마음먹고 시작하게 되었다.

이후 나는 광교산 자락에서 변화하는 자연을 관찰하며 절기를 따라가는 삶을 살기 시작했다. 그러면서 기후와 날씨가 자연의 순환에 얼마나 중요한 요소인지 알게 되었고, 나아가 농사와 세시풍속도 제법 알게 되었으며, 자연과 조화를 이루며 살아가는 지혜도 배웠다. 사계절이 뚜렷한 이 땅에서 살아간다는 것이 얼마나 큰 축복인지 새삼 감사한 마음이 들었다. 절기를 따라 보고 느끼고 생각하며 보낸 1년은 내게 깨어 있는 시간을 선물해 주었다. 일상의 작은 변화에도 관심을 갖게 되었고, 삶의 의욕이 충만했던 시간으로 남아 있다.

'저자의 말'을 쓰다 보니 문득 한 장면이 떠오른다. 88서울올림픽 개막식에서 짙푸른 잔디밭 위로 굴렁쇠를 굴리던 소년의 모습이다. 굴렁쇠는 채로 방향을 조정해 굴리는 동안에는 쓰러지지 않는다. 나 역시 살아오면서 자드락길을 만나도 채를 놓지 않고 굴렁쇠를 끈기 있게 굴려 왔다.

글쓰기를 권유하고 도와준 문우 이조경 씨에게 깊은 감사를 전한다. 또 불편한 몸으로도 나의 밥상만은 꼭 자기가 챙긴다고 고집하며 함께 늙어가는 아내에게 깊은 애정과 감사를 바친다. 원고를 다듬어 책을 만들어준 말그릇 출판에도 감사한다.

2025년 봄

박명철

저자의 말 • 4

# 1부_ 걸어온 발자국

벙커 속의 진도아리랑 • 14
전장의 단상들 • 21
7번 국도에 핀 정(情) • 28
날짜변경선 • 42
소백산 계획 • 47
남한산성, 돌에 새긴 역사 • 56
만추의 문경새재 • 64
연극 출연, 인생 한 컷 • 71
삼둔 사가리 • 75

수필 교실에서 피어난 공감 · 82

보훈병원에서 본 인간 군상 · 85

어허! 저래서는 안 되는데 · 89

독도 플래시몹 · 93

낯선 감정 앞에서 · 96

후회는 뒤늦게 온다 · 100

문상 · 103

판문점 제3땅굴 · 108

# 2부_ 절기 따라 가보자

입춘절立春節 _ 절기 따라 가보자 • 148

우수절雨水節 _ 물이 곧 생명이구나 • 151

경칩절驚蟄節 _ 깨어나는 생명의 시기 • 153

춘분절春分節 _ 만물이 소생하다 • 156

청명절淸明節 _ 온갖 꽃들은 피어나고 • 158

곡우절穀雨節 _ 하늘이 곡식비를 내린다 • 161

입하절立夏節 _ 계절의 여왕 5월 • 163

소만절小滿節 _ 초록이 눈부시다 • 166

망종절芒種節 _ 보리 베고 모내기 하고 • 168

하지절夏至節 _ 가장 긴 낮의 이야기 • 171

소서절小暑節 _ 망중한이다 • 174

대서절大暑節 _ '삼폭'의 계절이구나 • 176

입추절立秋節 _ 가을이여, 어서 오라 • 180

처서절處暑節_ 전통에 거스르는 절기 · 184

백로절白露節 _ 풀잎에 이슬이 맺히지 않는다 · 187

추분절秋分節 _ 어김없이 돌아오는 가을 · 190

한로절寒露節 _ 찬 이슬 맞아 낙엽이 되고 · 193

상강절霜降節 _ 이슬이 서리가 되고 · 196

입동절立冬節 _ 저무는 가을이 아쉽다 · 200

소설절小雪節 _ 심신이 먼저 맞이한 소설 · 204

대설절大雪節 _ 큰눈이 내리다 · 209

동지절冬至節 _ 가장 많이 알려진 절기 · 213

소한절小寒節 _ 매서운 추위에 갇히다 · 217

대한절大寒節 _ 마음이 춥다 · 220

새 입춘절立春節 _ 찬바람 너머 봄 · 223

단오端午 _ 태양의 기운이 강렬해진다 · 227

# 1부_ 걸어온 발자국

# 벙커 속의 진도아리랑

　1951년 12월 초순, 동해안 북부 지역에는 며칠째 눈이 내렸다. 라디오에서는 적설량이 50cm를 넘었다고 전했다. 고성군 현내면에 위치한 우리 부대도 마찬가지였다. 포 벙커로 이어지는 좁은 길만 겨우 터놓은 채 차량도 사람도 갇힌 듯 지내야 했다. 반지하 막사에서 취사장까지 가는 길을 겨우 뚫었고, 어깨높이까지 쌓인 눈더미가 우리를 둘러싸고 있었다. 다행히 밥을 굶지는 않았다.
　경남 통영에서 나고 자란 내게 이렇게 많은 눈과 혹독한 추위는 생소했다. 부대는 해가 떠도 밤처럼 조용했다. 온 세상이 하얀 눈에 덮여 숨죽이고 있었다.
　그날, 203 OP(관측소)에서 근무 중이던 유 소위와 신속히 교대하라는 명령이 떨어졌다. 나와 백 상병은 비장한 각오로 포진지를 떠났다. 전날 준비한 군장을 다시 확인하고, 둘이 나눠 짊어졌다. 양손은 자유롭게 해 두었다. 위험하고 불확실한 길에서는 손을 비워 두는 것이 중요하다는 것을 선임자에게 배운 터였다.

갑작스러운 교대 명령이 내려진 이유는 유 소위와 그의 관측반이 적의 기습을 받아 가까스로 목숨을 건졌기 때문이었다. 정신적 충격이 큰 상태라 안정이 필요하다는 것이었다. 포병 소위가 최전방 소총중대에 나가 포병 관측장교로 근무하는 것은 기본 직무다. 하지만 첫 임무가 이렇게 긴박한 상황에서 시작될 줄은 예상하지 못했다.

포진지를 나서자마자 길도, 표지물도 없는 눈 세상이 펼쳐졌다. 게다가 우리는 가파른 산을 올라야 했다. 한 시간이 지났을까. 끝없이 이어지는 눈길 속에서 문득 두려운 생각이 들었다.

'이러다 눈 속에 파묻혀 죽을지도 모른다.'

우리는 즉시 허리에 5m 길이의 노끈을 묶어 서로 연결했다. 한 사람이 눈에 빠지면 다른 한 사람이 닻이 되어야 한다는 백 상병의 지혜였다. 네 살 많은 그는 경험이 많았다. 우리는 무릎 위까지 푹푹 빠지는 눈길을 헤치며, 드문드문 보이는 통신선 전주를 길잡이 삼아 나아갔다. 긴장과 피로가 겹쳐 온몸에 땀이 흘렀다. 방한모도 벗고, 두꺼운 군용 장갑도 벗었다. 마르는 목은 손에 쥔 눈으로 적셨다.

어떤 골짜기는 바람에 날린 눈이 깊이를 알 수 없게 덮여 있었다. 한 걸음만 잘못 내디뎌도 그대로 빠져버릴 듯했다. 해가 중천을 지나 서산으로 기울 무렵, 우리는 마침내 203 OP에 도착했다.

산 정상부는 나무 한 그루 없는 민둥산이었다. 하얀 눈에 덮인 채 햇빛을 반사하며 차갑고 냉엄하게 빛났다. 겉으로 드러난 것은 아무것도 없었다. 모든 전투 구조물은 지하로 숨겨진 듯했다. 골짜기에서 불어오는 바람은 차디찬 눈가루를 얼굴에 뿌렸다.

땅은 군데군데 숯검정과 화약으로 얼룩져 있었다. 산병호와 초소를 연결하는 교통호는 제설이 되어 있었지만, 그 외의 곳은 온통 눈으로 덮여 있었다. 우리와 맞선 인민군은 남강을 사이에 두고 불과 1.5km 거리. 이곳은 최전방 소총중대의 전투진지다.

이틀 전, 적의 기습을 받은 곳이었다. 백 상병과 내가 도착할 때까지도 인민군 시체 한 구는 여전히 그 자리에 있었다. 핏자국도 지워지지 않았다. 땅이 얼어 시체를 묻을 수도, 덮을 수도 없었을 것이다. 중대장은 부대원들의 적개심을 고취하기 위해 당분간 그대로 두기로 했는지도 모른다.

적의 주검은 내게 애잔함으로 다가왔다. 나는 눈길을 돌렸다. 하지만 여전히 긴장감이 감돌았다. 유 소위는 나에게 필요한 사항을 신속히 인계한 후, 그의 관측병과 함께 포진지로 서둘러 내려갔다.

유 소위와 함께 있던 고 일병은 이제 나의 통신병이 되어 백 상병과 함께 세 사람이 새로운 203 OP의 관측반을 이루었다.

우리가 생활할 곳은 산의 한 경사면을 파고 들어가 넓이 두 평 정도의 온돌방을 만들고 그 위로 굵은 통나무를 촘촘히 걸쳐 얹고 흙을 1m의 두께로 덮어 만든 벙커다. 온돌은 105mm 곡사포의 포탄을 담았든 강철 원통으로 만든 것이다. 철통 속에 흙을 채우고 뚜껑을 잠가 파 놓은 골 위에 여러 개를 촘촘히 올려 구들장으로 놓았다. 그 위에 흙을 덮고 가마니를 깔고 장판지로는 콜타르 먹인 탄통을 펴 깔았다.

당시도 그렇거니와 오늘날에도 온돌방 구조로는 최상인 듯싶다. 아궁이도 벙커 안에 있고, 자그마한 솥도 하나 걸었다. 솥에 눈을 다져 가득 담아 불을 피워 녹이면 그 물로 밥도 짓고 따로 반합에 국도 끓일 수 있다. 출입문은 가마니와 판초 우의로 된 두 겹의 장막인데 낮에는 말아 올렸다가 밤에나 추울 때 내려놓는다. 출입문 맞은편은 온돌방의 윗목으로 그 벽면에 홈을 파서 굴뚝을 붙여 새워 지상으로 뽑아낸 구조다. 구들장으로 쓴 것과 같은 철통으로 굴뚝을 만들었으니 온돌방에다 벽난로도 설치한 구조라 불을 조금만 때도 벙커 안은 훈훈하다. 천장은 촘촘히 걸쳐 있는 굵은 통나무 바로 그것이고, 위에 두껍게 흙을 덮었으니 그 흙이 곧 지붕이다. 지붕의 배수는 지형 따라 이룬 경사면으로 처리되고 아궁이의 배수는 홈을 깊게 파서 지하로 침수시켜 해결한다.

사격임무도 없고 통신수단도 이상 없는 날은 우리가 편히 쉴 수 있는 복된 날이다. 나이 스물넷의 백 상병은 전남 완도가 고향이고 결혼도 한 사람이라 나이 열아홉의 제주도가 고향인 고 일병과 나에 비하면 어른이다. 그는 입담이 좋아 구수한 이야기도 잘하거니와 노래도 잘 부른다. 양미리나 미제 돼지고기 통조림이라도 올라와 저녁밥을 맛있게 잘 먹은 날이면 그는 모포를 말아 높은 베개로 만들어 드러눕고는 그의 애창곡인 '진도아리랑'을 뽑는다. 한결같은 곡조에 가사는 잘도 갖다 붙여 고향 이야기며 자기 아내의 아리따움이며 끝도 없이 엮어 나가는데 고 일병과 나는 박수로 장단을 맞추며 즐긴다.

놀거리라고는 아무것도 없다. 라디오도 없다. 시중에서 구할 수 있었는데 돈이 없어서 못 산 것인지 잘 모르겠다. 관측반 장비로 가지고 있는 AM 무전기의 주파수를 잘 맞추면 라디오 방송을 들을 수도 있는데 운이 좋으면 아는 노래를 듣게 되기도 한다. 세 남자의 체취가 밴 벙커 안의 냄새는 우리를 폭신하게 감싸주는 모태

바로 그것인 것 같다.

한밤중에 "따따 따따" 하고 연달아 나는 총소리에 우리는 누가 먼저라 할 것 없이 벌떡 일어난다. 나는 급히 옷을 입고 카빈총에 탄창을 끼고는 철모를 한 손에 들고 밖으로 나가려고 일어선다. 그 순간 백 상병이 "가만히 있어요, 내가 먼저 나가보고 올 것잉께." 하며 나를 뒤에서 잡아 제치고는 먼저 튀어 나간다. 나는 털썩 주저앉는다.

적이 바로 중대 진지 안으로 기습해 온 것 같아 신경은 극도로 날카로워진다. 고 일병도 소총을 들고 뒤따라 나간다. 나는 순간 포병 관측장교로서의 기본 직무를 생각해야 하는 냉정함을 회복한다.

손전등을 켜고 지도를 펴 놓고는 보병중대장에게 전화를 건다. 한참 만에 연결된 중대장 말로는 "전초분대의 초병이 움직이는 물체를 보고 적병으로 여겨 사격한 것이 그 전초분대 전원의 사격으로, 더 나아가 2소대 전체가 사격하게 된 것 같은데 정확한 상황은 조금만 기다려 보라" 한다.

백 상병이 돌아와서 "적 정찰병이 왔다가 쫓겨 갔대요"라고 말한다. 한마음 놓인다. 나도 밖으로 나가본다. 하늘 높이 '사격 중지'를 알리는 오성 신호탄이 솟아오른다. 주변은 다시 어두운 적막으로 되돌아간다. 밖에 나간 우리 셋은 캄캄한 밤하늘을 말없이 멍하니 바라보고 있다.

　매우 위급한 상황으로 긴장되어 있을 때, 백 상병이 나를 제치고 먼저 뛰쳐나가며 "가만히 있어요, 내가 먼저 나가보고 올 것잉께"라 한 말이 내 귓전에 메아리친다. 위험 앞에서 상관인 나를 보호하겠다고 자기가 앞장서는 그 마음이 내 가슴을 달군다. 뜨거운 기운이 왈칵 치밀어오른다. 눈물이 핑 돈다. 뜨거운 눈물이다.

　70년이 지난 지금도 그때의 그 백 상병을 생각하면 가슴이 뭉클해진다.

## 전장의 단상들

내가 육군 포병 소위로 임관하여 최초로 부임한 부대는 제5사단 포병 제26대대였다. 이 부대는 동해안에서 전투 중이었으며, 내 직책은 포대 관측장교였다.

1951년 당시 전선 상황은 대규모 기동전이 끝나고 피아간의 전선이 고착화된 상태였다. 전선 곳곳에서 유리한 지형을 차지하려는 국지전이 벌어졌고, 정보 수집을 위한 전투 정찰과 방어진지 구축이 한창이었다.

전쟁은 단순히 애국심이나 의무감만으로 치러지는 것이 아니었다. 전장에는 공포와 증오뿐만 아니라 인정과 호기심, 성취욕 같은 인간적인 감정도 뒤섞여 있었다. 때로는 그 감정들이 죽음에 대한 두려움을 뛰어넘게 만들었다. 나는 그날의 생생한 기억들을 떠올리며 전장의 실상을 전하고자 한다.

## # 인민군의 직사포가 부럽더라

오늘날의 동해안 통일전망대에서 북쪽으로 약 15km 떨어진 월비산(月比山)은 당시 인민군의 수중에 있었다. 우리는 그 동남쪽의 351고지와 208고지를 확보하고 적과 대치하고 있었다.

나는 중대 OP(관측소)가 있던 339고지에 배치되었다. 우리 중대와 맞선 적은 인민군 제3사단의 좌측 대대였다. 아군과 적군의 참호선은 약 1km 떨어져 있었고, 그 사이는 계곡이었다. 피아간 전 사면에서의 모든 움직임은 상대방의 관측과 직사 화기에 노출될 수밖에 없는 상황이었다.

아군은 지속적으로 참호를 보강하고, 철조망을 설치하고, 지뢰를 매설했다. 그러나 한 곳에서 작업하는 병력이 분대 규모만 되어도, 적군은 고지 전사면의 동굴진지에서 76mm 직사포를 내밀어 사격해왔다.

우리는 적이 동굴진지의 위장을 걷어내면 곧 사격할 것임을 알았기에, 하던 일을 멈추고 능선 뒤로 피했다. 때때로 몇 발을 얻어맞고 피해를 입기도 했다.

한번은 화가 난 대대장이 106mm 무반동총으로 대응사격을 시도했다. 적의 집중 사격을 받아 포차(砲車)가 파괴되고 사상자만 발생했다. 이후 우리는 무반동총으로는 대적할 수 없음을 깨닫고, 전차 소대를 배속받아 전차포로 대응했다.

무반동총은 후폭풍이 강해 전사면에서 사용할 수 없고, 장갑 보호가 없어 취약했다. 나는 105mm 야포로 정밀 사격을 시도했으나 동굴진지의 입구를 정확히 명중시키지는 못했다.

결국 적은 사격을 멈추고 직사포를 굴속으로 끌고 들어갔다. 이를 군사용어로 '제압(制壓)'이라고 하지만 본질적으로는 일시적인 정지 효과에 불과했다.

아군은 후폭풍 없는 직사포가 없어 값비싼 전차로 대응할 수밖에 없었다. 적이 가진 76mm 직사포가 부러울 수밖에 없던 상황이었다.

# 총소리가 갖는 갖가지 의미

339고지에서 남쪽으로 이어진 345고지에는 또 다른 중대의 OP가 있었다. 나는 그곳에서 관측 임무를 수행하던 중, 한밤중에 총소리가 나 잠에서 깨어났다.

관측병 백 상병이 상황을 확인하겠다며 밖으로 나갔다. 나는 무전기를 열어두고 기다렸다.

한참 후, 그가 돌아와 말했다.

"적 1개 분대 정찰대가 OP를 기습하고 있습니다."

시계를 보니 새벽 3시, 나는 즉시 중대장을 찾아갔다. 중대장은 차분한 표정으로 웃으며 설명했다.

"전초에서 무언가 움직이는 걸 보고 사격을 했고, 전초의 총성을 들은 주진지 경계병들이 사격에 가담한 거야. 그리고 인접 분대도 합세하면서 사격이 확대된 거지."

그는 실제로 적이 침투했다 해도 이미 발각되었으므로 철수할 수밖에 없었을 것이라고 판단했다. 소총 사격은 중지했지만 철수하는 적에게 기습적인 포격을 가하기로 했다.

나는 중대장이 지정해 주는 위치에 사탄 조정 없이 처음부터 효력사(效力射)로 포대 한 발을 사격했다. 결국 아무도 적을 보지 못한 채 남이 쏘니 나도 쏘고, 또 어둠속이라 공포감을 날려보내려고 쏜 것이 마지막에는 105mm 포탄 6발까지 그 사격에 가담하게 된 것이었다.

# 움직이는 표적은 맞히기 어렵더라

나는 지상 관측장교 4개월 만에 항공 관측장교로 직책이 바뀌었다. 신참이라 고지 근무를 더 해야 하는데 비행기를 타고 땅바닥을 내려다보며 날아다니게 되면 대부분의 사람은 멀미하므로 멀미하지 않는 나에게 행운이 돌아온 것이다.

날씨가 좋으면 하루에 두 번씩 정찰과 사탄 관측을 하고, 기상이 나쁜 날에는 간성(杆城)에 있는 비행장에서 그냥 쉬는 것이다. 그럴 때면 나이 많은 조종사들로부터 일본 군대의 체험담을 듣는다거나 그 시절에는 귀하고 값진 제니스(Genis) 라디오를 들었다. 라디오에서 흘러나오는 노래를 따라 흥얼거리며 뒹구는 휴식을 누렸으니 당시로서는 행운이 아닐 수 없었다.

가끔 원거리 종심 사격을 위하여 포 2문을 4km 정도 추진시켜 사격하고 돌아오기도 했다.

그날도 적 후사면의 보급품 집적소와 갱도 진지 입구 등을 사격할 목적으로 포 2문을 추진시키고 나는 L-19 항공기를 타고 항공 관측에 임했다. 고도 7,000피트에서 내려다보는 지표면은 25,000분의 1 축척의 지도와 크기가 비슷해 지형 판독은 쉬웠다.

관측자는 공중에서 움직이므로 지도상에 포와 목표물을 잇는 선, 즉 포목선을 그어 놓고 그 선을 기준으로 사탄을 유도하니 관측자나 사격 지휘소나 모두 다 쉽고도 정확한 사격을 할 수 있다. 이것이 항공 관측의 장점이다.

계획된 그날의 사격 임무를 마치고 돌아가려는 순간이었다. 고성으로 뻗은 7번 국도로 말 달구지 하나가 유유히 북상하고 있는 것이 보였다.

사정권까지는 약 2km의 여유가 있기에 호기심이 돋아 사격 요구를 했다. 사격할 포는 2문뿐이니 사탄 조정 없이 처음부터 효력사였다. 도로는 사격 방향과 사선을 이루어 도북으로 약 3,000밀리 방향으로 나 있는데 첫 탄은 표적에서 약 200m 뒤에 떨어졌다. 좌로 얼마, 더하기 얼마 하는 식으로 사탄을 유도하는데 그것이 100m 내지 200m 정도로 빗나갔다. 그 인민군 달구지는 흙먼지를 날리며 달아나 결국 포탄 6발만 허비하는 결과가 되고 말았다.

# 승리의 숨은 공로자: CMI 차트

내가 중위로 진급한 후의 일이다.

1952년 겨울, 제2 야전포병단이 창설되어 동해안으로 와서 오늘날의 군단포병과 같은 기능을 발휘하기 시작했다.

아직 학교 교육에서도 다루지 않았던 FSSC(화력지원 협조본부)라는 기구를 미 고문관의 현지 교육을 통해 야포단 본부에 만들어 운영하게 되었다. 그때 나는 그 FSCC의 대박격포 정보장교로 파견 근무를 하고 있었다.

그 당시, 유명한 351고지의 전방 약 500m에 위치한 무명고지를 두고 피아 간에 쟁탈전이 치열했다.

한 번은 당시 제5사단장 김종갑 준장도 우리 FSCC에 와서 1개 대대로 그 무명고지를 탈환하기 위한 야간 공격을 지휘하고 있었다. 그때 FSCC의 작전장교인 이 소령의 치밀한 공격 준비 사격 계획에 내가 성의를 다해 유지해온 CMI가 크게 활용되었다. CMI란, Counter Mortar Information의 약자로 대박격포 정보 활동을 총칭하는 말이다.

그날의 무조명 유지원 야간 공격은 고지 정상 부근에서 적의 기관총 사격을 받은 것 외에는 박격포탄 한 발도 사격받지 않고 고지를 탈환하는 대성공을 거두었다. 이는 기동과 화력 지원이 이상적으로 조화를 이룬 결과였으며, 대박격포 정보의 정확성과 효용성을 실제로 입증하는 사례였다.

초급장교 시절, 전장의 한복판에서 깨달은 그 성취감은 지금도 잊을 수 없다. 전장은 단지 생사의 갈림길만은 아니었다. 그 안에는 두려움과 혼란, 책임과 보람, 때로는 유머와 따뜻함까지 뒤섞여 있었다.

# 7번 국도에 핀 정(情)

1952년 9월 초, 화창한 날이었다. 나는 GMC(미군 군용 트럭)의 조수석에 앉아 속초를 향해 7번 국도를 따라 남쪽으로 달리고 있었다. 창밖으로 펼쳐진 동해의 광활한 수평선을 바라보니 동부전선에서 보낸 지난날들이 파노라마처럼 스쳐 지나갔다.

겨울은 혹독했다. 영하 15도의 강추위 속에서 보냈고, 눈이 많이 내릴 때는 적설량이 50cm를 넘기도 했다. 부대는 눈에 파묻혀 거의 동면 상태에 빠졌던 적도 있었다.

나는 해금강이 내려다보이는 최전방 고지에서 OP(전방관측소) 근무를 했다. 하지만 내가 본 풍경은 천하제일의 절경이 아니라 흰 눈과 검은 바위가 뒤엉켜 음산한 분위기를 자아내는 삭막한 전장이었다.

주변을 둘러싼 환경은 적의 기습과 포격이 언제든 닥칠 수 있는 긴장 속에서 침묵을 유지해야 하는 공간이었다. 그 혹독한 겨울도 지나가고, 포진지 앞산에 초록의 새싹이 돋아나는 것을 보았다. 그리고 여름이 되어 나는 항공 관측장교로 근무하며 처음으로 하늘을 나는 귀한 경험을 하기도 했다. 그때는 적지 상공을 비행한다는 위험도 잊은 채 오로지 포 사격을 유도하고 적정을 정찰하는 임무에 집중했다.

간성비행장은 포진지에서 약 40km 후방에 위치해 있었다. '비행기를 한 번 타보는 것이 평생 소원'이라는 늙은 어부의 이야기를 들었다. 한 번은 우리 조종사가 그의 소원을 이루어 준 적이 있었다. 그 어부가 사는 마을 위를 저공비행하며 몇 바퀴를 돌아주었다. 어부는 감사의 뜻으로 커다란 문어 두 마리를 지게에 지고 와 비행장 근무자 20명 전원이 포식을 하기도 했다.

9월 1일부로 나는 중위 진급을 했다. 항공 관측장교 임무를 마치고, A포대의 전포대장 보좌관 겸 대대 탄약 소대장으로 보직이 변경되었다. 그래서 속초 탄약보급소(ASP)로 탄약을 수령하러 7번 국도를 달리고 있었던 것이다.

운전병이 갑자기 소리쳤다.

"소대장님, 출발할 때 말씀하셨던 군복 수선집이 저 앞에 보입니다!"

정신이 번쩍 들었다.

"그래, 돌아오는 길에 들르자."

나는 두 번째 탄약 수령이라 아직 미숙한 탄약 보급 절차를 다시 떠올렸다. 탄약 소대장은 대대가 필요로 하는 각종 탄약을 속초 ASP에서 수령하여 예하 각 포대에 배분하는 역할을 맡는다.

탄약 소요량은 사격량에 따라 다르지만 일반적으로 일주일에 한 번 GMC 4~5대 분량의 탄약을 운송해야 했다. 부대가 있는 고성군 현내면에서 문암리까지는 약 65km, 속초 ASP까지는 약 80km 거리였다.

출발할 때, 문암리에 있는 군복 수선집에 미제 작업복 한 벌을 맡길 생각이었다. 며칠 전, 대대 수송관이 서울 청계천에 차량 부속품을 사러 갈 때 나는 그에게 미군 작업복을 사다 달라고 부탁했었다. 부대에 있을 때는 몰랐지만, 후방으로 나오니 내 군복이 너무 낡아 보였다. 민간인의 눈도 있고, 후방 근무 군인들의 복장이 단정한 것과 비교되니 장교로서의 체면을 위해서라도 작업복을 손보아야겠다는 생각이 들었다.

탄약 소대원들의 점심은 보통 탄약을 수령해 차량에 적재한 후, ASP 내 주차장이나 소나무 그늘 아래에서 해결했다. 그러나 그날은 문암리의 군복 수선집에 들를 예정이었기에 점심도 그곳에서 먹기로 했다. 군복 수선집은 7번 국도 큰길가에 있었다. 길가에는 드문드문 민가가 자리하고 있었고, 집 뒤편으로 넓은 공지가 방치되다시피 펼쳐져 있었다. 경작지는 얼마 되지 않아 트럭을 주차하기에는 좋은 위치였다.

수선집에 도착한 나는 몸 치수를 재고, 수선비를 흥정한 후 주인의 양해를 얻어 집 안에서 도시락을 풀어 점심을 먹었다. 주인아주머니는 40대 후반쯤 되어 보였다. 얼굴에는 홍조가 돌고 피부가 희고 건강해 보였다. 우리의 소박한 도시락을 본 아주머니는 자신이 담근 열무김치를 두 사발이나 내어주었고, 우물에서 길어 온 차가운 물을 따라 주었다. 그 시원한 물맛이 참으로 좋았다.

우리는 연신 감사 인사를 건넸다. 옷은 다음번에 찾기로 하고 떠나려는 찰나, 아주머니가 조용히 내게 말을 걸었다.

"쌀을 가져오면 우리 집에서 밥을 해 줄 수도 있는데…."

나는 순간적으로 "민간인이 군대 것 뜯어먹는다"는 말이 떠올랐다.

"아주머니, 우리는 드릴 돈이나 보태드릴 수 있는 게 없는데요."

그러자 아주머니는 손을 내저으며 말했다.

"아니에요. 바라는 거 없어요. 그냥 맛있게들 드시는 게 좋아서 그러지요."

얼마나 고마운 일인가!

나는 웃음을 지으며 말했다.

"정말 감사합니다. 그러면 다음번에 속초로 내려갈 때 쌀을 맡기고 돌아오는 길에 점심을 먹겠습니다."

우리 일행은 즐거운 마음으로 다시 길을 나섰다. 대대로 돌아가 탄약을 모두 하역한 뒤, 나는 취사반장을 찾아가 사정을 설명했다. 후덕한 인상의 고참 상사는 내 제안을 흔쾌히 받아들이며, 다음부터는 된장, 고추장 같은 부식품도 넉넉하게 챙겨 주겠다고 했다. 그 후부터 탄약 수령을 나가는 일이 단순한 임무를 넘어 기다려지는 일이 되었다.

며칠 후, 탄약 수령을 준비하면서 그 집 땔감으로 쓸 탄약상자 열댓 개와 판지 탄통 몇십 개를 수집해 트럭에 실었다. 105mm 곡사포 탄약은 신관, 탄환, 추진 장약이 하나의 조립체로 구성되어 있다. 이를 방습 처리한 콜타르 먹인 두꺼운 판지(板紙) 원통에 넣어 1차 포장한다. 이 원통이 파손되지 않도록 다시 강철 원통이나 두꺼운 나무상자에 넣어 2차 포장을 한다. 탄약은 이런 형태로 사용 부대까지 보급된다.

그날 아침, 취사반에서 7인분의 주부식을 수령하여 GMC 4대로 속초로 향했다. 부대를 출발하여 한 시간이 조금좀 더 지났을까. 문암리의 그 집 앞에 차량을 세웠다. 탄약상자와 판지 탄통을 내려놓으며 땔감으로 쓰라고 말하고, 식량을 맡기며 점심을 부탁했다. 아주머니는 환한 얼굴로 우리를 반겼고, 곁에는 전에 본 적 없는 복스럽게 생긴 아가씨가 서 있었다. 그녀와 시선이 마주치자 가벼운 흥분이 일었다.

ASP에서 탄약을 수령한 후, 돌아오는 길에 탄약차 4대를 그 집 뒤편 공터에 주차하고 병사 한 명을 보초로 남겨둔 뒤, 나머지 여섯 명이 집 안으로 들어가 밥상을 받았다. 우리가 가져간 부식에 아주머니가 준비한 김치와 양미리 조림이 더해지니, 한층 맛있는 식사가 되었다.

식사를 마친 뒤, 맡겼던 작업복을 입어 보았다. 수선 상태가 만족스러워 약정한 대로 수선비를 지불했다. 작업실에는 재봉틀 한 대와 다림질판이 놓여 있었고, 일감이 수북이 쌓여 있었다. 바느질 솜씨가 꽤 좋은 듯했다. 식사를 마친 보초 근무자까지 포함해 일행이 자리에서 일어났다. 그런데 차량이 떠날 때까지 아까 보았던 그 아가씨는 다시 나타나지 않았다. 부대로 돌아가는 길 내내 그녀의 모습이 머릿속을 맴돌았다. 연애 감정인지는 알 수 없었다. 지난해 11월 소위로 임관한 후, 곧바로 강원도 동북단 26포병

대대에 배치된 나는 여자라고는 거의 본 적이 없었다. 그런 나에게 그녀는 처음으로 '여성'으로 인식된 사람이었다.

약 일주일이 지나 드디어 고대하던 탄약 수령 행차 날이었다. 이번에는 탄약 상자도 없어 주부식만 챙겨서 출발했다. 문암리 그 집 앞에서 잠시 정차해 주부식을 전한 후 바로 ASP로 갔다.

탄약을 실은 후, 돌아오는 길에 전과 같이 차량을 주차하고 집으로 들어갔다. 화장실에 가려고 집 뒤편으로 돌아가던 중, 내가 땔감으로 가져다준 탄약상자들이 말끔히 정리되어 있는 것을 보았다. 판지 탄통은 바닥과 윗부분을 뜯어낸 채, 널찍한 장판지처럼 말려 있었다.

점심을 먹으며 아주머니에게 물었다.

"일전에 드린 땔감은 왜 안 쓰시고 모아두신 거예요?"

아주머니는 환하게 웃으며 대답했다.

"방을 하나 더 늘리고, 부엌도 조금 넓힐 생각이에요."

이번에는 그 처녀가 부엌에서 점심 준비를 돕는 모습을 볼 수 있었다. 식사가 끝나고, 병사들은 밖으로 나갔다. 나는 남아 아주머니와 몇 마디 더 나누었다.

나는 조심스럽게 물었다.

"아저씨는 어디 계세요?"

아주머니의 얼굴이 순간 어두워졌다.

"재작년 10월, 인민군이 북으로 달아날 때 노무자로 동원되어 갔는데, 그 후로 소식이 없어요."

나는 잠시 망설였다가 부엌 쪽을 바라보며 물었다.

"저 아가씨는…?"

아주머니는 미소를 띠며 말했다.

"내 외동딸이에요. 올해 스무 살 됐어요."

그러고는 내 얼굴을 빤히 바라보며 물었다.

"박 중위님은 몇 살이지요?"

"스물한 살입니다."

대답하면서도 시선을 피했다. 싫지도, 그렇다고 설레는 것도 아닌 묘한 감정이 일었다. 그러면서 문득, 이 지역이 38선 이북이었다는 사실이 떠올랐다. 6·25 이전까지 이곳은 인민공화국의 땅이었다. 그 생각이 떠오르자 알 수 없는 감정이 스며들었다.

나는 멍하니 가을 햇볕을 받으며 탄약차 행렬을 이끌고 부대로 향했다. 하지만 마음은 온통 다른 곳에 가 있었다. 문암리의 그 집에 무엇이라도 도움을 주고 싶다는 생각이 떠나지 않았.

그 후로 나는 탄약을 수령할 때마다 탄약상자와 판지 탄통을 여유가 되는 대로 챙겨서 가져다 주었다. 90%를 반납해야 하는 철통도 일부 빼서 건넸다. 또한 폐품으로 처리되는 야전 전화선도 모아서 가져다 주었다. 민간에서는 야전 전화선이 빨랫줄이나 화물 결박용 끈으로 사용하거나 심지어 장바구니나 함지박을 만드는 등 다양하게 활용하고 있었다.

탄약 보급이 없는 날이면 전포대장 보좌관으로서의 기본 임무를 수행하며 나는 부대 내 문맹자 퇴치 교육도 맡았다.

그해 가을, 나는 단풍으로 계절을 느낄 수도, 들판의 풍성한 수확을 보며 계절을 실감할 수도 없었다. 산에는 나무가 부족하고, 들판에는 심어진 곡식이 많지 않았다. 대신 부대가 월동 준비를 시작하는 모습을 보며 가을이 지나고 있다는 것을 알았다. 차량 부동액 보충, 타이어 체인 준비, 동계 피복 보급, 김장김치 저장고 설치, 싸리비와 눈가래 제작 등 겨울을 대비하는 일들이 부대 곳곳에서 한창이었다.

11월, 나는 미국 포병학교 초등군사반 교육에 지원하고 결과를 기다리고 있었다. 1951년 가을, 전쟁이 소강 상태에 접어들면서 미국은 한국군 전력 강화를 위해 미국 본토의 육군 병과 학교에서 한국군 장교들에게 6개월간 보수 교육을 제공하기로 결정했다. 이 프로그램은 한국에 대한 군사 원조 계획의 일환으로 진행되었으며, 연간 약 600명의 한국군 장교가 미국으로 파견되었다. 그러는 동안에도 대대의 탄약 보급은 계속되었고, 탄약차 행렬의 문암리 방문도 이어졌다.

그러던 어느 날, 나는 문암리의 그 집에 도착하고 깜짝 놀랐다. 새로운 방이 지어졌다. 넓이 네 평 정도의 반듯한 온돌방이 새로 생겼고, 부엌도 훨씬 넓어졌다. 방구들은 탄약용 강철 원통에 흙을 채워 만들었고, 지붕은 탄약상자 판자를 촘촘히 깔아 올린 뒤, 방수를 위해 콜타르 먹인 탄통의 판지를 두 겹으로 덮었다고 했다. 그 위에 이엉을 얹어 지붕을 완성했다고 했다. 벽은 흙벽으로 마감했지만 문틀과 문짝에는 미송 판자를 아낌없이 사용한 덕분에 방 안에는 은은한 소나무 향이 감돌았다. 아주머니는 활짝 웃으며 말했다.

"이게 다 박 중위님 덕분이에요. 오늘 이 방에서 하루 자고 가세요."

그동안 이름을 알게 된 복희 아가씨도 옆에서 환한 미소를 보내주었다.

나는 방 안을 둘러보며 감탄했다.

"아주머니, 정말 대단하십니다!"

스스로도 무척 뿌듯한 기분이 들었다.

12월 초순, 마침내 나는 도미 유학 대기자로 대구 보충대 전속

명령이 내려왔다. 당시 육군본부는 대구에 있었기에 나는 곧 그곳으로 가야 했다. 부대를 떠나기 전, 포대장의 지프를 빌려 문암리의 그 집으로 작별 인사를 하러 갔다. 가는 길 내내 무슨 말을 해야 할지, 어떻게 이별을 전해야 할지 고민했다. 이번에는 혼자 가는 길이었다.

작업실에 있던 아주머니는 내가 오자 얼른 방으로 안내했고, 복희 아가씨도 따라 들어왔다. 나는 조심스럽게 입을 열었다.

"아주머니, 사실 이번에 제가 미국 포병학교로 유학을 가게 되었습니다."

아주머니는 놀란 듯 다급하게 물었다.

"언제 떠나게 되나요? 얼마나 머물러야 하는 거예요?"

"모레, 대구 보충대로 가야 합니다. 그곳에서 한 달 동안 신체검사와 교육을 받은 후, 내년 1월 중순쯤 미국으로 출발할 것 같습니다."

아주머니는 다시 물었다.

"그럼 언제 돌아오는 거요?"

"오가는 기간까지 포함하면 6개월 정도 될 것 같습니다."

그 말을 하면서도 나는 복희 아가씨의 표정을 살폈다. 그녀는 조용히 미소를 지을 뿐 아무 말도 하지 않았다. 잠시 무거운 침묵이 흘렀다. 아주머니는 깊은 숨을 들이쉬고 어깨를 조용히 들썩였다. 복희 아가씨는 아무 말 없이 나를 바라보고 있었다. 비록 잘못한 일은 없지만, 모녀 앞에서 나는 왠지 죄인이 된 기분이었다.

"아주머니, 그리고 아가씨, 그동안 따뜻하게 대해 주셔서 정말 감사합니다. 지난 석 달 동안 저는 참 행복했습니다."

내 말이 끝나자, 두 사람은 아무런 대답도 하지 않았다. 아주머니는 깊은 생각에 잠긴 듯했고, 복희 아가씨는 그저 말없이 나를 바라볼 뿐이었다. 무슨 말을 해야 할지 몰라 나는 머뭇거리다가 벌떡 일어나며 말했다.

"앞으로도 우리 탄약 소대에 잘해 주실 거죠?"

아주머니는 쓸쓸한 미소를 지으며 말했다.

"그거야 두고 봐야겠지만 이제 무슨 낙으로 신이 나겠어요?"

그러면서 내 손을 두 손으로 꼭 감싸 쥐었다. 아주머니의 손은 따뜻했다. 복희 아가씨도 조용히 자리에서 일어나 어머니의 허리를 한쪽 팔로 감싸고 그 옆에 섰다. 두 사람의 감정이 함께 내 손끝으로 전해지는 듯했다.

"아주머니, 건강하시고 아저씨도 꼭 만나게 되시길 바랍니다. 그리고 복희 아가씨도 행복하길 바랍니다."

이 말을 건네자 나도 모르게 눈시울이 뜨거워졌다. 애써 눈물을 참으려는데, 아주머니는 부드러운 미소를 지으며 내 손을 잡은 채 힘을 주었다.

"박 중위님, 꼭 건강하세요. 그동안 정말 고마웠어요. 미국에 가서도, 돌아와서도 꼭 편지 주세요."

나는 조용히 고개를 끄덕이며 손을 놓고 머리를 숙였다. 그리고 빠르게 밖으로 나왔다. 군화 끈조차 제대로 묶지 않은 채 차에 올랐다. 아주머니는 집 앞에 서서 손을 흔들고 있었다. 하지만 복희 아가씨는 보이지 않았다. 방 안에서 서운함을 삭이는지, 아니면 조용히 눈물을 삼키고 있는 것인지 알 수 없었다. 이별이 아렸던 만큼 그녀는 이미 내 마음속 깊은 곳에 자리 잡고 있었다.

나는 무거운 가슴을 안고 7번 국도를 따라 북쪽으로 향했다. 평소에는 경쾌하게 달리던 길이었지만 그날만큼은 마치 무거운 짐을 끌고 가는 것처럼 자동차도 속력을 내지 못하였다. 7번 국도조차 내 앞길을 막아서는 것처럼 느껴졌다.

그 후 오랜 세월이 흘렀다.

다시는 동부전선에서 근무할 기회가 없었다. 지금 돌아보면 그 집의 주소 하나 남기지 않고 떠난 내가 참 무심했다는 생각이 든다. 이제는 그저 마음으로 바랄 뿐이다. 어딘가에서 복희 아가씨가 건강한 노후를 보내고 있기를, 그 시절의 따뜻한 미소를 여전히 간직하고 있기를 조용히 마음속으로 기원한다.

# 날짜변경선

　1951년 후반부터 미국은 대한(對韓) 군사원조 계획의 일환으로 매년 약 600명의 한국 장교를 미국 군사학교에서 교육하도록 지원했다. 교육 기간은 16주였고, 왕복 기간까지 포함하면 6개월을 넘겼다. 단순한 군사 훈련뿐만 아니라 미국의 문물을 직접 경험하며 배울 기회였다. 이러한 교육이 4년간 지속되면서 한국군의 전력 증강은 물론, 젊은 장교들이 과학적이고 진취적인 사고를 익히는 계기가 되었다. 이는 향후 경제 발전과 국가 부흥에도 기여하는 기반이 되었다.

　1950년 이전, 해외에 나가본 한국인이 과연 몇이나 되었을까? 자전거조차 타본 경험이 없는 이들이 대다수였을 것이다. 하지만 오늘날 미국을 다녀온 한국인은 수천만 명에 이르고, 해외여행은 더 이상 특별한 일이 아니다. 그러나 그 시절에는 문화적 교류가 미미했고, 국가 간 격차가 훨씬 컸기에 해외로 떠나는 경험은 더욱 신비롭고 충격적인 일이었다.

나는 난생처음 해외여행을 미국으로 떠났다. 1954년, 만 22세의 포병 중위로서 군사교육을 받기 위해 도미(渡美) 유학길에 올랐던 것이다. 중위부터 중령까지 100명의 젊은 포병 장교들로 구성된 우리 일행은 부평에 있는 미군 보충대에서 대기하다가 인천항에서 미군 수송선 Gen. WM Black호를 타고 출발했다.

배에는 한국 보병 장교 150명과 본국으로 교대되는 미군 장병 100여 명도 함께 탑승했다. 인천을 출항한 다음 날, 배는 일본 사세보(佐世保)항에 기항했지만, 우리는 상륙하지 못한 채 갑판에서 일본 땅을 바라볼 수밖에 없었다. 처음으로 마주한 일본의 모습, 부두 시설이나 정박한 군함보다 내 눈길을 사로잡은 것은 짙푸르게 우거진 산이었다. 벌거벗은 우리나라의 산과는 대조적으로 울창한 숲이 드리워진 풍경이 부럽기만 했다. 사세보항에서 물과 식료품을 보급하는 모습을 보며 씁쓸한 생각이 들었다. 한국에서는 가져갈 만한 물과 식료품이 없다는 사실을 다시금 깨닫게 되었기 때문이다.

배 안에서의 생활은 예상보다 쾌적했다. 잠자리도 편했고, 식사는 더욱 만족스러웠다. 평생 처음 먹어보는 양식, 그것도 본고장에서 맛보는 것이니 신선한 경험이었다. 아이스크림을 배탈이 날 정도로 먹었고, 매일 아침 나오는 신선한 오렌지는 하루를 상쾌하게 열어주었다. 영화도 실컷 보고, 천연색 사진이 실린 다양한 잡지를 보며 미국에 대해 조금씩 알아갔다.

여유 속에서도 긴장감은 늘 존재했다. 수시로 구명조끼를 착용하고 지정된 구명보트로 달려가는 긴급 대피 훈련이 반복되었다. 태평양의 거친 파도는 1만 톤급의 배조차 요동치게 만들었다. 거대한 파도에 배가 출렁일 때면, 바닷물이 철갑선에 부딪히는 소리가 마치 천둥처럼 울려 퍼졌다. 하지만 이러한 훈련과 공포 속에서도 17일간의 항해는 새로운 세상을 경험하는 설렘으로 가득 차 있었다.

4월 18일, 배 안은 축제 분위기였다. 북위 35도에서 180도 자오선, 즉 날짜변경선(International Date Line)을 넘었기 때문이다. 이 선을 기준으로 날짜가 바뀌어, 우리는 4월 18일을 두 번 경험하는 특이한 상황을 맞이했다.

그날 나는 배에서 '180도 자오선 정복자'라는 제목의 증서를 받았다. 증서에는 내 이름과 날짜, 선박명이 기재되어 있었고, 'Domain of the Golden Dragon(용황궁)'에서 수여하는 형식으로 화려하게 장식되어 있었다. 용, 인어, 새우, 조개, 해마 등 바다 생물들이 그려진 증서는 마치 한 편의 예술 작품 같았다. 나는 태평양을 건너고 있다는 걸 실감하며, 먼 훗날 자랑할 기념품을 얻었다는 기쁨에 들떴다.

선내 방송에서는 경쾌한 음악이 흘러나왔고, 식당은 만국기로 장식되었다. 특별식이 제공되었으며, 승선자들은 한껏 들뜬 분위기 속에서 하루를 보냈다. 그날 바다는 잔잔했고 날씨도 맑았다.

귀국길에도 배를 이용했기에, 나는 1954년 10월 21일에 같은 증서를 한 장 더 받았다. 오늘날처럼 비행기로 몇 시간 만에 미국을 오가는 시대에는 상상하기 힘든 일이었다. 17일간 바다를 건너며 경험한 감동은 단순한 여행 이상의 의미를 지니고 있었다.

미국 본토에 첫발을 내딛는 순간이 다가왔다. 샌프란시스코에 도착한다는 선내 방송이 나오자, 우리는 갑판으로 몰려나와 조금이라도 더 미국 땅을 보려고 애썼다. 처음에는 희미한 윤곽만 보이던 육지가 점점 선명해졌다. 드디어 거대한 국가 미국의 한 면이 우리 앞에 모습을 드러냈다.

끝없이 펼쳐진 해안선에는 수백 척의 군함과 수송선이 모래사장 위에 기울어 정렬해 있었다. 모두 퇴역한 해군 함선들이었다. 나는 생각했다.

'이 함선들이 태평양에서 활동했던 배들일 테고, 대서양에서 활동했던 배들은 저쪽 대서양 연안에 또 다른 거대한 퇴역 함대로 모여 있겠지. 그리고 어쩌면 이런 하치장이 미국 전역에 여러 곳 더 있을지도 몰라.'

그 규모와 물량적 여유가 경이로웠다. 그렇게 많은 군함이 비스듬히 방치되어 있어도 전혀 문제가 되지 않는다는 사실이, 미국의 국력과 경제력을 실감하게 했다.

마침내 우리가 탄 배는 금문교(Golden Gate Bridge) 아래를 지나 항구로 들어갔다. 금문교의 크기를 제대로 가늠할 수 없었지만, 배가 그 아래를 지나갈 때 철골 구조물이 하늘 높이 뻗어 있는 모습은 압도적이었다. 1만 톤급의 배조차 너무 작아 보일 정도였다.

그렇게 나는 미국이라는 거대한 나라의 첫 모습을 가슴 깊이 새기며, 새로운 세계에 첫발을 내디뎠다.

# 소백산 계획

 육군에서 1군으로 옮겨가는 장교들에게 "어느 부대로 가고 싶습니까?"라고 물으면, 대부분은 원주에 사령부가 있는 36사단을 가장 먼저 꼽는다고 한다. 하지만 요즘의 인기가 믿기지 않을 정도로, 36사단은 1955년 창설 이후 27년 동안 경북 안동에 자리 잡고 있을 때는 근무를 꺼리는 부대 중 하나였다.

 육군 2군은 각 도에 향토사단 하나와 훈련단 하나를 두고, 지역 방위와 예비군 자원 관리를 맡아왔다. 하지만 경상북도는 예외였다. 이 지역에는 향토사단과 훈련단이 각각 두 개씩 있었고, 이를 남북으로 나누어 운영해왔다. 시간이 지나면서 1군과 3군에서 새로운 부대 소요가 생기고, 2군의 운영 효율에도 문제가 제기되었다. 결국 조정이 이루어졌고, 36사단은 1군으로, 66훈련단은 3군으로 옮겨가게 되었다. 이때 소백산맥을 넘어 이동하는 작전이기에 '소백산 계획'이라고 불렀다.

1953년 휴전 이후 육군은 약 3년간의 부대 배치 조정기를 거친 후로는 사단 전체를 이동시키는 일은 없었다. 1973년, 베트남에 파병되었던 사단들이 돌아오면서 일부 이동이 있었지만, 그 이후 대규모 이동이 바로 이 소백산 계획이었다. 전쟁 중이라면 모를까 평시에는 아주 드문 일이었다. 게다가 이 중요한 계획을 당사자인 36사단장은 처음에는 소문으로만 듣게 되었고, 자세한 내용은 알 수 없었다.

"모든 계획은 상하 관련 부대가 정보를 공유하고, 동시에 계획함으로써 시간과 노력을 절감하며, 성과를 극대화해야 한다."

육군대학에서 배운 교리는 현실과 달랐다.

소백산 계획이 육군의 사업 계획에 포함되어 편성된 예산으로 집행되는 것인지, 아니면 이 과목 저 항목에서 남은 돈을 모아서 집행되는 것인지 알 수 없었다.

여하간에 열차가 배정되고, '대한통운'의 용역 차량이 배차되었으며, 새로운 지역에서 소요될 시설 보수 자재도 보급되었으니 큰 소요는 육군본부에서 감당해 준 것으로 부대 이동과 신 지역에서의 정착은 이루어졌다.

그러면 다 된 것 아니냐? 그렇다, 다 되기는 된 것이다. 그러나 그것은 우리 육군이 지난날 산판에서 벌목하고, 숯을 굽고, 부대 차량으로 오일장의 장짐을 운반해 주던 시절의 사고방식에서 다 된 것이지, 예산 제도가 정착된 지 오래인 1980년대의 현대 군대에서는 부끄러운 일이다.

사단으로서는 새로 정착할 지역 사정도 알아보고, 이동로를 정찰하고, 관련 기관이나 부대와 미리 협조도 해야 하니 출장비가 필요하다. 그리고 그 많은 동원 장비와 물자를 포장하고 결박할 자재도 구입해야 한다.

그뿐만 아니라 당사자가 처리하기에는 억울하거나 과다한 지역 주민과의 해묵은 부채 해결 등 일상적 부대 운영비로는 감당할 수 없는 경비 소요가 많았지만, 돈으로 조달된 것은 한 푼도 없었다.

구하면 얻을 것이라 믿고 사단장은 육군본부 관리참모부장을 그의 사무실로 찾아가 구걸했으나, 회의 시간이 급하다고 앉으라는 말도 없이 선 자리에서 거절당했다. 그것이 그 시절의 우리 육군본부였다.

다행히도 연말연시에 부대 사기를 높이는데 쓸 목적으로 위로금, 상금, 격려금 등으로 받은 돈을 비축해 둔 것이 있어 긴요하게 잘 활용했다. 그러나 그것은 너무나 초라했다. 나는 사단의 미래를 걱정하며 깊은 고민에 빠졌다. 마치 이순신 장군이 나라의 운명을 걱정했던 것처럼 깊은 시름에 빠졌다.

  한산(閑山)섬 달 밝은 밤에 수루(戍樓)에 홀로 앉아
  큰 칼 옆에 차고 깊은 시름하는 차에
  어디서 일성호가(一聲胡茄)는 남의 애를 끊나니.

좀 거창한 시가를 인용했지만, 이충무공께서는 국운을 우려하여 깊은 시름에 빠지셨고, 나는 사단의 운명을 우려하여 깊은 시름에 빠졌다.

사단이 1군으로 간다. 1군에는 향토사단으로 38사단이 있지 않은가. 2군에서도 1개 도에 2개 사단이 있다고 내보내는데, 1군도 군 후방 지역에 향토사단이 2개가 되면 그중 하나는 해체하거나 훈련단으로 축소 개편하게 될 것이다. 그렇다면 이미 20여 년의 연고를 가지고 지역 내에 뿌리를 내린 38사단보다는 2군에서 내보낸 36사단을 처리하는 것이 훨씬 쉬운 일이 아니겠는가.

이 일을 어찌하란 말인가!
왜 내가 이런 운명을 맞아야 하는가!
왜 내 대에 와서 36사단은 그 이름과 함께 소멸되어야 하는가!
이 절박한 상황에 몰린 나는 사단의 운명을 좌우할 아무런 힘도

쓸 수 없었고, 오직 1군 사령관의 처분만 기다릴 수밖에 없었다. 다만 우리 사단과 38사단을 비교하여 어느 쪽이 더 우위에 있는지 검토해 줄 것에 실낱같은 기대를 걸며, 나의 관운에 미신처럼 희망을 걸어보았다.

어느 조직에서나 근무지에 대한 선호도는 차이가 있기 마련이다. 육군에서 같은 야전 근무라도 1980년대 당시 장교들의 지역별 선호도는 3군 지역, 1군 지역, 2군 지역 순이었다. 상대적으로 약한 사람이나 고지식한 사람들이 많이 모인 곳이 2군의 향토사단과 훈련단이었다.

부사관이나 병과는 달리 승진에 목을 매고 살아가는 장교들에게는 어느 부대에서 근무하느냐가 중요한 문제였다. 경북 북부 지역에 있을 때 36사단의 장교들은 어리석을 정도로 정직하게 일하는 사람들이었다. 넉넉하지 못한 시간, 완전편성사단의 막대한 장비와 물자를 완편 기준 17%로 감소 편성된 인력으로 다뤄야 하는 과다한 작업량 속에서도 불평 없이 사단의 실정을 이해하고 각자의 소임을 다해주었다. 작업장을 순시하는 사단장은 부대원들이 자기 살림을 이사하듯 화물의 포장과 적재에 정성을 다하는 모습을 볼 때마다 그 성실함에 감동하고 가슴이 아팠다.

그러한 우직함의 결과는 믿기 어려운 완벽한 부대 이동으로 나타났다. 전 사단이 열차와 차량 등 외부 기관의 수단을 이용해 이동하였고, 10여 개의 지역에서 분산 출발하여 소백산맥을 넘어 강원도 남부의 원주, 정선, 영월 등 7개 지역으로 분산 전개하는 데 사고 하나 없이 이동계획대로 차질 없이 해냈다. 이는 사단 장병 누구라도 당당하게 다른 어떤 사람들 앞에라도 내세울 수 있는 자랑거리다. 여기에 더해 사단 가족들의 전학과 이사도 원활히 이루어졌으니 기쁘고 고마울 뿐이었다.

내가 안동을 떠나 원주로 향하던 날, 길가에 나와 배웅해주는 사람들을 보며 마음이 뭉클해졌다. 안동은 물론 영주와 풍기에서도 지역 관서장들과 예비군 간부, 지방 유지들이 환송을 나와 주었다. 그 따뜻한 배웅은 내게 잊지 못할 장면으로 남았다.

죽령 고갯마루에 도착했을 때, 나는 그 순간을 꼭 기록하고 싶었다. 수첩을 꺼내어 짧게 메모를 남겼다. 지금도 그 글귀를 다시 펼쳐 보면, 그날의 감동이 그대로 되살아난다.

동으로 울진 바다 서로 속리산
남으로 보현산 북으로 소백산맥
남아가 호령하던 넓은 땅 굽어보니
동서로 뻗은 연봉이 구름에 머리 묻고
석별의 눈물을 가리는구나

소백산맥으로 병풍을 치고
낙동강에 배 띄워 풍류를 즐기던
옛 선비들이 노닐며 오가던 길

삼십 년 군복으로 쉰을 넘긴 이 장수
사단을 이끌고 넘고 있는 이 길은
영욕의 길 죽령 고갯길

낙동강 젖줄에 매달린 넓은 들아
순박한 사람들아
세월은 흘러도 잊지는 말아다오

그 옛날 백호부대 이 땅에 머물렀고
무장공비 소탕할 땐 무서웠지만
우리들 백성과는 정이 깊었노라고.

  이제 이 길을 넘어 새로운 땅으로 간다. 그러나 이 땅에서 보낸 시간과 사람들의 따뜻한 마음은 오랫동안 잊지 못할 것이다.
  1982년 7월 1일 오전 10시, 원주에 있는 36사단 사령부 연병장에서 대대급 이상의 부대기와 원주 지역 병력으로 대오를 갖추고, 사단장은 1군 사령관에게 사단 예속 변경 신고를 했다. 이로

써 36사단은 제1야전군의 후방 지역을 방위하고 예비군을 관리하는 강원도의 향토 사단이 되었다.

겉으로는 새로운 출발이었지만 그 속에는 지난 시간을 함께한 장병들의 땀과 헌신이 고스란히 남아 있었다. 나는 그 가치를 언제까지나 마음에 간직하고 있었다.

집이나 부대 모두 이사는 준비보다 정착이 더 어려운 법이다. 각 대대가 흩어져 주둔한 지역을 돌아보면서 나는 그 말의 진짜 의미를 깨달았다. 급수와 창고와 같은 기본적인 시설부터 부족했으며, 지역의 지형, 도로, 행정기관, 예비군 조직 등에 관한 새로운 정보도 습득해야 했다.

나 역시 사단장 공관이 마련되지 않아 1군 사령부의 장군용 독신자 숙소에서 지내야 했다. 불편함은 있었지만 진짜 문제는 따로 있었다. 바로 새로운 환경 속에서 36사단의 위상을 하루빨리 자리 잡게 만드는 일이었다.

사단의 존재감을 인정받기 위해서는 무엇보다 주변 상황을 정확히 파악하는 것이 중요했다. 당시 1군은 전방 방어에 집중하느라 후방 지역 방위 계획은 2군에 비해 뒤떨어진 상태였다. 나는 이 점에 주목했다. 2군에서 작전 능력을 높이 평가받던 36사단의 장점을 활용해 후방 방위 체계를 제대로 세운다면 사단의 위상도 자연스럽게 올라갈 것이라 확신했다.

그 믿음을 바탕으로 준비에 들어갔다. 하나하나 절차를 밟아 체계적으로 추진했다. 그렇게 약 3개월이 흐른 11월 25일, 드디어 '원주지역 방위훈련'을 실시했다. 공군과 특전부대까지 참가한 대규모 훈련이었다. 이 훈련을 통해 1군의 후방 지역 방위 계획은 명확한 작전 개념과 현실적인 실행 계획으로 보완되었고, 그 성과에 따라 사단은 알찬 부대로 위상을 정립해 나갔다.

모든 성과는 함께한 사람들의 땀과 노력 덕분이었다. 언제나 묵묵히 제자리를 지킨 36사단 장병들, 보이지 않는 곳에서 헌신을 아끼지 않았던 원주시 예비군들에게 다시 한 번 고마움을 전한다.

# 남한산성, 돌에 새긴 역사

서울 송파구에 살던 때 나는 자주 남한산성에 올랐다. 가까운 전철역에서 내려 걸어가는 산길은 몸과 마음을 단련하기에 알맞았고, 친구들과 이야기를 나누며 걷기에도 좋았다. 산성 안에는 여러 음식점이 있어 계절마다 지역 특색이 담긴 음식을 즐기는 재미도 있었다.

그때의 등산은 사계절의 풍경을 감상하는 목적보다는 세상 돌아가는 일이나 인생에 대한 생각을 나누는 데 더 가까웠다. 자연을 따라 오르며 깊은 이야기가 이어졌다.

그러던 어느 날, 문득 이런 생각이 들었다. 오랜 세월 군인의 삶을 살아온 내가 남한산성을 단순한 등산지로만 바라봐도 괜찮은 걸까. 이 산성의 구조와 규모, 그리고 전략적인 위치는 군사적으로 어떤 의미를 지닐까. 이런 요새를 쌓은 옛사람들의 군사적 식견은 어느 정도였을까.

남한산성의 유래를 찾아보니 그 역사는 신라시대까지 거슬러 올라간다. 『삼국사기』에는 "한강 이남의 한산에 주장성을 쌓았는데, 그 둘레가 4,360보다"라는 기록이 있다. 한강은 한반도에서 군사력의 남북간 이동을 막을 수 있는 천혜의 장애물이다. 고구려의 남하를 막아야 했던 신라는 이곳을 중요한 거점으로 삼고, 한강을 효율적으로 통제하려 했던 것이다.

조선시대에 이르러 남한산성은 더욱 중요한 군사적 요충지로 자리 잡았다. 『세종실록 지리지』에는 이 산성의 현황이 자세히 기록되어 있다. 북방으로 영토를 확장하고 대마도까지 정벌했던 세종대왕은 남한산성을 유사시 왕이 몸을 피할 피란처로도 고려했을 가능성이 크다.

지금은 등산과 여가를 위한 장소로 남았지만, 남한산성은 오랜 세월 동안 나라를 지키려는 사람들의 군사적 지혜와 결심이 담긴 산성이다. 그 안을 걷는 동안 나는 자연과 사람, 그리고 역사 속 군인의 숨결을 함께 느낄 수 있었다.

임진왜란을 겪은 후 광해군 13년(1621년)에 남한산성을 석성으로 고쳐 쌓기 시작했고, 인조 2년(1624년)부터 4년(1626년)까지 2

년 동안 대대적으로 확장하고 보수했다. 공사가 완료된 후에는 광주목(廣州牧)\* 관청이 산성 안으로 옮겨졌고, 성을 지키는 수어청(守禦廳)\*\*도 설치되었다. 백성들도 성 안으로 이주해 정착하면서 남한산성은 하나의 작은 도시처럼 기능하게 되었다.

남한산성은 지형적으로도 전술적 가치가 높았다. 산줄기가 둥글게 이어지고 안쪽에는 완만한 경사의 넓은 평지가 있어 성을 쌓기에 알맞았다. 중심인 청량산은 높이 480미터였고, 비슷한 높이의 여러 봉우리를 연결해 성벽을 세웠는데 그 길이가 9킬로미터에 달했다. 성벽이 둘러싼 내부 면적은 약 64만 평이었다.

성 안에는 국왕이 머무는 행궁과 병영, 사찰 등 여러 시설이 들어서 있었다. 공사에 동원된 사람도 많아 한때 600가구, 4천여 명이 거주했으며, 식수를 위한 우물이 80개나 있었다고 전해진다.

나는 남한산성을 동서남북 네 개의 성문을 중심으로 나눠서 답사하기로 했다. 단순한 등산이 아니라 배우고 느끼는 시간으로 삼기 위해 도시락을 싸서 혼자 천천히 걸었다. 오르내릴 때는 체력을 아끼려고 성 안까지 가는 마을버스를 이용했다. 약 일주일 동안 걸으며 이곳에서 벌어졌던 공사의 실제 모습을 상상해 보았다.

평지에 돌을 쌓는 것과 산에 성을 짓는 일은 차원이 다르다. 험한 산길에 먼저 길을 내고, 크고 무거운 돌을 옮겨 서로 맞물리게 쌓아 올리는 일은 엄청난 수고가 필요했을 것이다. 그때의 고된 노동과 인내를 떠올리며 나는 숙연해졌다.

우리나라의 주요 문화유산은 대부분 1970년대에 복원되었고, 남한산성도 그때 보수된 상태로 지금까지 이어져 오고 있다. 하지만 성의 중심부에서 멀어진 험한 구간은 아직 복원이 이뤄지지 않은 곳이 많았다.

험한 산길을 따라 성벽을 쌓았던 옛사람들의 노력은 지금도 곳곳에 남아 있다. 남한산성은 단순한 옛 건축물이 아니라 수백 년 전 조상들이 나라를 지키려던 지혜와 끈기, 그리고 강한 의지를 품은 살아 있는 역사였다.

허물어진 성벽 틈새로 잡목이 자라난 모습을 보았을 때, 문득 '황성옛터'라는 노래가 떠올랐다. 내가 존경하는 분이 좋아하시던 곡이고 나 역시 자주 부르던 애창곡이었다. 낡은 성벽을 마주하며 자연스럽게 노랫말을 읊조렸다.

> 황성옛터에 밤이 되니 월색만 고요해
> 폐허에 설운 회포를 말하여 주노라
> 아, 가엾다 이내 몸은 그 무엇 찾으려
> 끝없는 꿈의 거리를 헤매어 있노라~

지금 우리가 보는 남한산성은 병자호란 이후 외성을 새로 쌓고, 돈대(墩臺)***와 옹성(甕城)****을 보강하면서 전투에 적합한 훌륭한 산성으로 완성된 모습이다. 성벽 곳곳에는 자연 지형을 최대한 살려 축조한 흔적이 뚜렷하다. 그 모습을 보며 나는 다시 한 번 군사 전술의 기본을 떠올렸다. 지형을 잘 활용하라는 원칙은 예나 지금이나 다르지 않다.

성벽을 따라 걷다 보니 성 안의 건물들도 궁금해졌다. 산성의 주봉인 청량산 꼭대기에는 수어장대가 우뚝 서 있었다. 이곳은 전투 지휘소 역할을 했던 곳으로, 지금은 많은 사람들이 기념사진을 찍는 명소가 되었고, 역사 드라마의 촬영지로도 잘 알려져 있다. 나도 장대에 올라 성을 내려다보며 장수가 된 듯한 기분으로 "들어라!" 하고 외쳐보았다.

그 옆, 장대보다 한 단 낮은 곳에는 작은 사당 하나가 조용히 자리를 지키고 있었다. 이름은 청량당(淸凉堂)이었다.

인조 2년, 남한산성을 확장하던 시기 성 남쪽 공사를 맡았던 이회(李晦) 장군은 공사 기간을 지키지 못했다는 이유로 횡령 누명을 쓰고 처형되었다. 그의 두 부인은 부족한 자재를 마련하기 위해 애쓰다 남편이 죽었다는 소식을 듣고 송파나루에서 한강에 몸을 던졌다.

공사가 끝난 후 사람들은 그의 성벽이 가장 험한 지형을 따라 정교하게 쌓여 있다는 것을 확인했다. 결국 동료들의 질투로 인해 억울하게 죽었다는 사실이 뒤늦게 밝혀졌고, 조정에서는 그의 명예를 기리기 위해 청량당을 세웠다. '맑고 서늘한 사당'이라는 뜻의 이름은 청량산에서 따온 것이었다.

나는 그 사당 앞에 한동안 서 있었다. 억울하게 죽은 이회 장군과 송씨 나씨 두 부인을 위해, 정의와 인정이 살아 있던 옛사람들을 떠올리며 조용히 고개를 숙였다.

남한산성이 완공된 지 10년 뒤인 인조 14년, 병자호란이 일어났다. 왕은 급히 남한산성으로 피신했고, 산성은 본래의 방어 목적을 다했다. 문제는 그다음이었다.

청나라 군대가 사방을 포위하자 왕의 명령은 성 밖으로 나갈 수 없었고, 전국에서 모인 군사와 식량도 성 안으로 들어오지 못 했다. 성 안의 사람들은 47일 동안 혹독한 추위와 굶주림을 견디다가 결국 항복했다.

2014년 가을이었다. 남한산성 행궁이 십여 년에 걸친 공사로 완전히 복원되었다는 보도를 접하고 나는 혼자서 구경을 갔다. 서울에 있는 경복궁의 축소판이라고 할 수 있다. 국왕의 거처로서

최소한의 요건을 갖춘 새 궁궐이었다. 여러 건물의 명칭이나 구조는 나에게 별로 의미가 없었다. 그 옛날 이곳에 갇힌 국왕과 대신들은 무엇을 생각하며 하루하루를 보냈을까? 그 세월은 그들에게 얼마나 길게 느껴졌을까?

내 행정 축대에 걸터앉아 멀거니 하늘을 바라보며 나는 상상의 나래를 펼쳤다.

훗날 환향녀라 불리며 돌아온 부녀자들이 청군에게 납치되는 비명은 바람결에라도 이곳에 들려왔을까? 민란으로 관리들을 죽이고 관아를 불태운 백성들의 의분은 어디로 갔을까? 임진왜란 때 나라를 구한 의병 정신은 왜 살아나지 않았을까? 전국 각지의 군사들은 왜 큰 싸움 한 번 하지 않았을까?

여러 가지 생각이 꼬리를 물고 일어났다.

그래, 그렇겠구나. 왕은 인조반정으로 중신들에 의해 왕위에 오르게 되었으니 줏대가 약했을 것이다. 선대 왕 광해군과는 다른 행보를 보이려 했기 때문에 군사와 외교를 등한시했을 가능성이 크다. 중신들은 자기들이 세운 정권에 뿌리를 내리고 세를 키우기에 여념이 없었을 것이다. 군사는 원래 싸울 의지와 강한 신념을 가진 장수가 있을 때 그 힘을 발휘하는 법이다. 장수다운 장수가 없는 군대는 싸울 생각조차 할 수 없었을 것이다. 국왕이나 군대나 백성이나 모두 청나라 태종의 처분에 모든 일을 맡기고 명줄만 이어갔던 것이 아닐까? 아, 슬프고도 부끄럽도다!

임진왜란을 당한 진주성은 민족의 자존심을 살리기 위해 수많은 군사와 백성의 피로 물들며 무너졌다. 그러나 병자호란을 당한 남한산성은 민족의 자존심이 짓밟히는 대가로 상처 하나 입지 않고 그대로 남아 있다. 싸움 한 번 제대로 해보지 않은 채!

해는 아직 중천에 떠 있었지만 행궁은 더 보기도 싫어 터벅터벅 버스 정류장으로 발길을 돌렸다.

*광주목: 목은 오늘날의 시 군급 지방 행정 조직 단위(여기서는 광주시청).
**수어청: 일정한 지역이나 시설의 방위책임사령부(여기서는 남한산성 방위사령부).
***돈대: 본성의 관측과 사격 범위를 확장하기 위해 본성과 분리된 요충지에 만든 진지.
****옹성: 성문이나 본체성벽을 보호하기 위해 본체와 연결해 만든 돌출 이중성벽.

## 만추의 문경새재

 6·25 전쟁이 한창이던 1951년 1월 초, 부산에서 갓 신병 교육을 마친 700명의 한 집단이 군용열차로 서울역에 도착했다. 이틀이나 걸린 느리고도 긴 열차 이동에 겨우 주먹밥 몇 개로 끼니를 이어온 허기진 집단이었다.
 서울역에는 아무것도 없었다. 얼어 죽을 것만 같은 추위를 이겨보려고 나무나 헝겊, 불에 탈 만한 것을 찾아 뒤졌건만, 군데군데 불타고 남은 잿더미와 부서진 철물과 유리 조각만 널려 있는 텅 빈 폐허였다. 아무런 소리 하나 없는 적막과 뼛속까지 얼어붙을 것 같은 추위가 700명의 신병을 맞이했다. 역사(驛舍) 밖으로 보이는 서울 거리는 혹한에 얼어붙어 움직이는 것은 아무것도 없었다. 이것이 나의 뇌리에 각인되어 있는 내가 처음으로 본 서울의 모습이다. 이제 와 생각하니 그때가 1·4 후퇴 바로 그때인 것 같다.

이 집단은 서울역에서부터 바로 걷기 시작했다. 부대 명도 없는 그저 한 집단으로 오늘도 걷고, 다음 날도 또 걸었다. 오늘이 며칠인지 어디로 가는지도 몰랐다. 추위와 허기에 지친, 그저 본능대로 먹을 것 찾고 얼어 죽지 않을 그것밖에 다른 생각을 할 수 없는 신병들이었다. 이들은 경기도 여주에서 2사단에 보충병으로 흡수되었다. 그때는 몰랐지만, 훗날 알고 보니 2사단은 경기도 가평에서 중공군에게 대패하여 후퇴하던 중이었다.

나는 2사단에서 비로소 한 부대원이 되어 '31연대 통신대 기재계'라는 직책을 받았지만, 나에게 주어진 것은 총도 아니었다. 무게가 약 5킬로 정도되는 네모난 국방색의 양철 상자였다. 그것을 새끼줄로 단단히 묶어 등에 메고 걷는 것이 나의 일과가 되었다.

밥은 하루에 두 끼 정도 먹었을까. 늘 배고팠다. 흰 눈을 덮어쓰고 죽은 듯 고요한 텅 빈 마을에 이르면 삼삼오오로 흩어져 빈집의 부엌이나 곡간으로 들어가 뒤졌다. 쌀도 있었고, 콩도 있었고, 김장김치도 나왔다. 쌀밥에 김장김치면 진수성찬인데, 거기에 더하여 큰 여물 솥에 콩을 가마니째 볶아 여러 신병 주머니마다 가득 채우고 나면 더 바랄 것이 없었다.

그 후로 그해 겨울의 그 김장김치만 한 김치 맛을 보지 못했다.

어느 길로 얼마나 걸었는지 알지 못했고 지금도 정확하게는 알 수 없지만, 기억나는 지명은 장호원과 괴산 정도이고 '문경새재를 넘고 있다'는 말이 기억날 정도다.

잠은 어떻게 잤는가? 낮에 걸어가면서 꾸벅꾸벅 졸다가 가로수에 부닥치기도 하고 길가로 굴러떨어지기도 했다. 밤이면 망가져 버린 차량의 타이어를 몇 개 뽑아 불을 피웠다. 시커먼 연기와 그을음에 휩싸이면서도 이삼십 명이 둘러앉아 꾸벅거리며 밤을 새우는 것이었다. 어디서 어떻게 밤을 새우든 간에 젖은 신발과 양말을 말리고 발을 문질러 동상을 예방하는 노력은 먹는 일 못지않게 중요한 일이었다.

문경새재를 넘으니 마을의 초가집 굴뚝에서 피어오르는 연기도 보이고 개 짖는 소리도 들렸다. 점촌(店村)에 이르러 어느 초등학교에 연대본부를 차리고 들어앉았다.

기나긴 고난의 도보 행군도 끝난 것이었다. 처음으로 총도 받았고 통신기재도 보급되기 시작하였다. 보초도 서고 점호도 있었으니 집단의 한 사람이었던 나도 군대다운 군대의 어엿한 군인이 되었다. 비로소 내가 2사단에 들어가 처음으로 지급받은 군수품의 내막을 알게 되었다. 경기도 여주에서 경상북도 점촌까지 소중하게 짊어지고 간 그 물건이 'SCR-609' 무전기에 사용되는 'BA-

300'이라는 건전지였다. 중요한 물건으로만 내내 생각했던 나 자신에게 속은 것 같아 절로 실소를 지었던 일이 지금도 생각난다.

굶주림, 추위, 김장김치 맛, BA-300 건전지… 이런 것들을 아련하게 떠올려 순진무구했던 시절을 되돌아보는 것이 좋아 나는 문경새재를 자주 찾는다.

내가 경북 북부지역의 향토사단장으로 근무할 때 문경 군수로부터 들은 이야기를 지금도 기억하고 있다. 지난날 박정희 대통령께서 문경을 처음 방문하셨을 때의 일이다. 군수의 여러 보고 가운데 문경새재 길을 잘 포장하여 국가적 관광명소로 만들 계획을 보고하였다 한다. 그 자리에서 대통령께서는 "여보시오! 문경 군수, 그 길은 알다시피 옛날 영남과 한양을 오간 수많은 사람들의 희로애락이 깔린 길이 아니오? 경관(景觀) 또한 아름다우니 옛 모습 그대로 잘 보존하는 것이 좋을 것이오. 그 대신 이화령 고갯길을 더 확장하여 포장하도록 해봅시다." 하고 말씀하셨다 한다.

문경새재가 오늘날 역사 탐방과 관광을 함께 하는 명소일 뿐만 아니라 역사드라마의 무대로도 활용되고 있는 것도 옛 모습을 그대로 잘 간직하고 있기 때문일 것이다.

20여 년 전, 친구들과 함께 늦가을의 정취를 느끼기 위해 문경새재를 찾았다. 문경 시내로 들어가는 택시 안에서 왼편에 학교가 보이자 문득 박정희 대통령의 젊은 시절이 떠올라 기사에게 물었다.

"돌아가신 박 대통령이 초등학교 교사 시절 머물던 하숙집이 아직도 보존돼 있나요?"

기사는 웃으며 말했다.

"그럼요, 잘 보존하고 있지요."

내가 1981년에 처음 보았던 그 단아한 단칸방 초가집이 바로 눈앞에 보이는 것 같았다.

문경새재에는 남쪽에서 북쪽으로 올라가며 세 개의 관문이 이어진다. 주흘관, 조곡관, 조령관 마치 시간의 층계를 하나씩 밟아가는 듯, 관문을 하나 지나면 계절도 한층 더 깊어지는 느낌이다.

이 세 관문은 병목처럼 좁은 지형에 세워져 적의 진입을 막기에 유리했다. 그중 마지막 관문인 조령관은 소백산맥 마루턱에 걸쳐 있어 남쪽을 굽어보며 한양을 지키는 최전선의 수문장이었다.

나는 관문과 관문 사이에 있는 길을 특히 좋아한다. 굵은 모래가 깔린 흙길은 발에 부드럽게 닿고, 물 빠짐이 좋아 비 오는 날에도 질척이지 않는다. 여섯 명이 나란히 걸어도 넉넉할 만큼 넓은 길 옆에는 맑은 개울이 졸졸 흐른다. 박달나무, 단풍나무, 물푸레나무들이 하늘을 가릴 듯 빽빽하게 서 있고, 가을이 깊어지면 숲은 불꽃처럼 붉게 물든다. 그 사이를 걷는 느낌은 마치 꿈길을 걷는 것 같다.

서늘한 공기와 숲의 짙은 향기, 청아한 산새 소리가 어우러진 길은 오감을 다해 누려야 온전히 느낄 수 있다. 어떤 과학 장비로도 이 빛과 향기, 소리, 살갗에 스며드는 공기의 감촉까지는 온전히 전할 수 없을 것이다.

나는 매년 단풍이 절정에 이르는 시기를 골라 문경새재를 찾는다. 초록으로 가득하던 숲은 제 빛깔을 찾아 하나씩 벗고 드러낸다. 나무마다 색이 달라 숲 전체가 한 폭의 거대한 수채화가 된다.

겨울을 앞둔 나무들은 잎을 떨구고 앙상한 가지만 남긴다. 그 쓸쓸한 풍경 속에서 나는 오히려 위로를 받는다. 봄의 새순과 신록은 왠지 모르게 나를 서글프게 한다. 여름은 매미 소리처럼 벅차고 다급하다. 반면 가을은 말없이 다가와 숲마다 저마다 다른 색으로 존재를 말한다. 수천, 수만 가지 색이 겹쳐지는 것처럼, 사람도 인생의 가을쯤 되면 숨겨온 본색이 서서히 드러난다. 자연의 이치와 다르지 않다.

만추의 문경새재!
나는 그곳에서 지난날을 떠올리고, 박정희 대통령을 기리며, 눈앞에 펼쳐진 자연의 장관에 마음을 빼앗긴다. 그리고 오늘, 살아있음에 감사한다.

# 연극 출연, 인생 한 컷

여행은 종종 뜻밖의 한 장면으로 기억에 남는다. 일본 홋카이도에 있는 민속촌 '노보리베쓰 다테 지다이무라'에서 본 한 편의 연극이 바로 그랬다. 부부 동반으로 떠난 32명 단체 패키지여행이었다.

우리 일행은 아이누 민족박물관을 관람하며 북해도 원주민의 역사와 문화를 접한 후에 민속촌에서 연극 두 편을 보게 되었다. 하나는 닌자의 액션 활극이었고, 다른 하나는 에도시대의 요정 술자리를 배경으로 한 전통 대중극이었다. 예상치 않게 내가 이 요정극의 무대에 오르게 되었다.

일본 전통문화극장은 마룻바닥에 방석을 깔고 앉는 방식이었다. 극장에 들어가니 무대는 장막에 가려 있었고, 은은한 조명이 희미하게 공간을 밝혀주었다. 샤미센 소리가 흐르며 극장 안 분위기는 서서히 고조되었다. 무대와 객석 사이에는 긴장과 기대가 감돌았다.

한 배우가 등장해 연극의 개요를 설명했다. 관객이 극 중 인물이 되어 즉흥적으로 대사를 주고받으며 이야기를 만들어가는 형식이라 했다. 이는 일본 전통 대중극인 '가미가타 우키요조시(上方浮世草子)'나 '고자이(講芝居)'를 현대적으로 변형한 '에도 마을 시대극(時代劇)'의 형태였다.

일본어가 된다는 이유로 나는 일행의 추천을 받았다. 엉겁결에 뽑힌 나는 무대 뒤 분장실로 갔다. 시녀 복장을 한 소녀가 다가와 부채를 건네주며 간단한 대사를 설명해주었다. 부채 앞면에는 그림이, 뒷면에는 대사가 적혀 있었다. 상대의 말에 맞춰 응답하는 것이 내 역할이었다. 나는 사무라이 가발을 쓰고 화려한 두루마기를 입었다.

분장을 마치고 무대 중앙의 방석 위에 단정히 앉자, 어느새 나는 에도시대 고급 요정에 놀러 온 지방 호족이 되어 있었다. 기생이 등장했다. 사뿐사뿐 걸어오더니 내 옆에 다소곳이 앉았다. 그녀는 눈부신 절세미인이었다. 동그스름한 얼굴, 풍만하고 요염한 자태, 맑은 이마에서 뺨으로 이어지는 선은 섬세하고 부드러웠다.

살짝 물든 뺨과 윤기 흐르는 머릿결, 교태 섞인 미소는 비단결처럼 부드럽게 얼굴을 감쌌다. 그녀 곁에는 앳된 시녀가 그림자처럼 따라다녔다.

기생은 살짝 눈웃음을 지으며 다정하게 말했다.

"에도의 모든 기생에게 정장 한 벌씩 해 주세요."

부드러운 말투에 애교까지 곁들이니 거절할 수가 없었다.

"그리하겠소!"

나는 어벙한 얼굴로 호기롭게 대답했다. 객석에서는 웃음이 터졌다. 허세 가득한 호족을 풍자하는 재치 있는 장면이었다. 기생은 내 어깨를 주물러 주며 은근한 교태를 부렸고, 객석에서는 또다시 웃음과 박수가 쏟아졌다.

곧 시녀가 다가와 물었다.

"선금은 준비되셨는지요?"

나는 당황한 얼굴로 얼어붙었다. 그 순간 기생이 시녀 앞을 가로막고 부드럽고 정감 어린 목소리로 말했다.

"방금 드린 말씀은 강물에 흘려보내 주세요. 오늘은 즐겁게만 놀다 가시와요."

"고맙소!"

내가 웃으며 응수하자 관객들은 다시 한 번 웃음바다가 되었다.

일본어로 자연스럽게 주고받은 대사는 흐름을 끊지 않고 극의 유쾌함을 더했다.

연극이 끝난 뒤, 기생은 다정히 내 옆에 앉았다. 시녀 역의 배우는 재빠르게 앞으로 나와 스냅사진을 찍었다. 앙증맞고 민첩한 시녀의 모습에 객석에서는 또 웃음이 터졌다. 극장 밖에서는 배우들과 함께 기념사진을 찍었다.

함께 간 일행들은 일본어를 능숙하게 구사하며 연기를 잘했다고 칭찬을 건넸다. 그게 뭐라고 어깨가 으쓱해지고 기분이 좋았다.

무대에 오르게 된 것은 우연이었지만, 그 경험은 단순한 놀이를 넘어섰다. 기생의 대사는 허세와 권력을 풍자했고, 연극은 웃음 속에 통찰을 품고 있었다. 비록 짧은 순간이었지만 그 무대는 내게 깊은 인상을 남겼다.

지금도 서랍 속에는 그날의 사진이 고이 간직되어 있다. 달덩이처럼 환한 얼굴의 기생, 반짝이는 눈빛, 앳된 시녀의 미소, 그리고 가발을 쓰고 어색한 포즈로 웃고 있는 내 모습까지. 20년이 흘렀지만 그날 무대에서 얼결에 부린 호기는 여전히 생생하고 웃음을 자아내게 한다.

## 삼둔 사가리

 1997년 여름, 조선일보에 가볼 만한 피서지로 '삼둔 사가리'라는 곳이 소개되었다. 『정감록』에 난리를 피해 숨어 살 만한 곳으로 기록되어 있다는 이곳은 오대산의 서북방에 있는 방태산을 중심으로 방태천과 내린천으로 둘러싸인 넓은 지역이라고 했다. '삼둔'이란 '산기슭의 넓은 땅으로 세 군데의 둔(屯)을 칠 만한 곳'을 의미하고, '사가리'란 '개울가에 밭을 일구어 사람이 살 만한 땅 네 군데를 뜻한다'는 설명에 나는 강렬한 유혹을 느꼈다.
 '삼둔 사가리' 관련 정보를 알아본 후 산행에 함께할 친구들을 설득하는 데 공을 들였다. 여름에 가겠다는 계획을 고수했기 때문에 일행 여섯 명의 일정을 맞추는 데만 꼬박 2년이 걸렸다.
 호기롭게 앞장서긴 했지만 사실 오지 여행은 처음이었다. 가는 길에 문제가 생기면 그때그때 대처할 생각으로 지도와 관련 전화번호만 챙겼다. 첫날 밤 묵을 민박집을 예약하고는 일단 우리는 출발했다.

내가 조사한 바로는 홍천에서 버스를 갈아타고 창촌리로 가야 했다. 그런데 홍천에 도착해 매표소에서 창촌리행 버스를 묻자 직원은 창촌리를 모른다고 했다. 그다음 갈 곳이 양양이라고 설명하자 그제야 '내면'으로 가는 버스를 타라고 알려주었다. 지명은 지도와 현실에서 다를 수 있다는 것을 그제야 깨달았다.

창촌리에 도착해 다시 버스를 갈아탔다. 우리는 운전기사에게 '영재민박' 앞에서 내려 달라고 부탁했지만 기사는 아무 말이 없었다. 다행히 같은 버스에 탄 아주머니가 도와준 덕에 무사히 민박집 앞에 내릴 수 있었다.

민박집 주인은 우리를 반갑게 맞이했다. 오후 다섯 시가 가까웠지만 한여름의 햇살은 아직도 강했고 날씨는 무더웠다. 저녁 메뉴로 토종닭 백숙을 예약해 둔 우리는 민박집 뒤편에 있는 내린천으로 향했다. 사람 눈치 볼 필요 없이 강물에 몸을 던졌다. 맑기로 유명한 내린천에서 멱을 감으며 아이처럼 웃고 떠들었다. 일흔 가까운 나이도 그 순간엔 전혀 중요하지 않았다.

한참을 놀다 보니 배가 고파졌다. 기대에 부풀어 식당으로 향했다. 진한 국물에 부드러운 닭고기를 기대했지만, 앞에 놓인 것은 멀건 국물에 약재만 둥둥 떠 있는 백숙이었다. 닭고기는 질기고 퍽퍽했다. 실망스러웠지만 누구를 탓할 수 없었다. 조용히 소주 한 잔 기울이며 마음을 달랠 뿐이었다.

식사를 마친 후에도 해는 지지 않았다. 우리는 가까운 월둔까지 걸어가 보기로 했다. 편도 4km 거리였다. 길가에 늘어선 옥수수 밭과 고추밭은 검푸르게 물결쳤다. 낯선 이를 경계하는 개들의 짖는 소리를 들으며 외딴집을 지나고, 산기슭을 두세 번 돌자 깊은 골짜기에 이르렀다.

정말 둔을 칠 만한 넓은 땅이 펼쳐졌다. 감자밭은 가지런히 정돈되어 있었고, 멀리 보이는 산들이 둥글게 이곳을 감싸고 있었다. 밭 한가운데로는 맑은 개울이 흐르고 있었다. 나는 일행을 남겨 두고, 개울을 따라 조금 더 안쪽으로 걸어 들어갔다.

밖에서 들어오기 어렵고 안에서는 지키기 좋은 지형이었다. 『정감록』에서 말하던 둔지로 삼기에도 손색이 없어 보였다. 문득 SBS 사극 '임꺽정'의 한 장면이 떠올랐다. 산채가 관군에게 공격당하고, 임꺽정이 여러 발의 화살을 맞으며 쓰러지던 마지막 모습이었다.

'그가 바로 이런 곳에 산채를 꾸렸더라면 더 오래 살아남지 않았

을까?'

그 생각에 잠겨 있는데, 멀리서 일행들의 외침이 들려왔다.

"어이, 어두워지네!"

하늘은 이미 붉게 물들고 있었다. 나는 걸음을 재촉해 일행과 함께 민박집으로 돌아왔다. 그날 밤, 황토방의 따뜻한 온기 속에서 깊은 잠에 빠졌다.

다음 날 아침, 우리는 민박집 주인의 트럭을 타고 삼봉약수터로 향했다. 약수는 철분이 많아 특유의 냄새가 났지만, 귀한 물이라 생각하고 억지로 몇 모금 삼켰다. 약수터를 떠난 뒤에는 숲의 향기 가득한 공기를 마시며 천천히 큰길까지 걸어 나왔다.

길가에 자리한 외딴집 하나가 눈에 띄었다. 가게를 겸한 민박집이었다. 그곳에서 하룻밤 묵을 준비를 마친 후, 우리의 여행 목적을 설명하자 집주인이 승합차로 약 8km 떨어진 달둔까지 데려다주겠다고 했다.

큰길을 따라 달리다 보니 넓은 개울이 나타났다. 바닥은 차량이 다닌 흔적 없이 커다란 돌들이 흩어져 있었다. 결국 우리는 차에서 내려 걷기 시작했다. 마침 하늘에서 빗방울이 떨어지기 시작했다.

우산을 펼치고 조용히 걸었다. 마치 숨겨진 유적지를 찾아가는 탐험대가 된 듯한 기분이었다. 빗소리 외엔 아무 소리도 없었다. 새들마저 숨죽인 듯한 고요한 숲이었다.

얼마나 걸었을까. 이마에 땀이 맺히고 호흡이 가빠질 즈음, 앞쪽에 작은 산줄기가 좌우로 뻗어 톱니처럼 엇갈려 있었다. 그 사이를 지나 들어가자 갑자기 넓은 평지가 나타났다. 5천 평은 훌쩍 넘어 보이는 감자밭이었다. 잡목이 우거져 뒤쪽은 잘 보이지 않았지만 지형은 더 넓게 이어질 듯했다. 전날 찾은 월둔보다도 훨씬 넓었다.

마침내 우리가 찾아온 '삼둔 사가리'의 중심에 닿은 것이다. 부대 주둔지의 조건은 시대가 바뀌어도 본질은 같을 것이다. 지키기 좋고, 병력을 수용할 넉넉한 공간이 있으며, 물이 있고, 접근 가능한 도로가 있다면 더할 나위 없는 곳이다.

삼둔 중 마지막으로 가려던 살둔은 양양과 정반대 방향에 있었다. 교통수단도 마땅치 않았다. 우리는 아쉬움을 남긴 채 살둔 방문을 다음으로 미루기로 했다.

이번 여행에서 우선순위를 미뤘던 사가리는 모두 방태산 북쪽, 방태천 상류 쪽에 있었다. 달둔에서 명지가리까지는 산길을 따라 약 8km 거리였지만 민가도 숙소도 없다고 했다. 결국 사가리 역시 다음 기회로 넘겨야 했다.

우리는 두 번째 민박집에서 새로운 아침을 맞이했다. 전날 오후부터 내린 비는 밤새 이어졌고, 밖으로 나가 기지개를 켜는 순간 들이마신 공기마저 촉촉하게 젖어 있었다. 사방은 고요했고, 빗물에 씻긴 자연은 조용히 숨을 고르고 있는 듯했다.

식당 홀은 칠팔 평 남짓한 아담한 공간이었다. 할머니 한 분이 빗자루를 들고 묵묵히 청소를 하고 있었다.

"할머니, 혼자서 수고가 많으십니다."

내 인사에 허리를 펴며 할머니가 환하게 웃었다.

"애들은 가게 보느라 밤늦게 잤어요. 일찍 잔 내가 먼저 일어나야지요."

그 미소와 말투에서 가족이 화목하게 살아가는 모습이 자연스럽게 느껴졌다.

우리는 주변을 가볍게 산책한 뒤, 원목 식탁에 둘러앉아 아침 식사를 기다렸다. 밥이 나오기도 전에 젓가락이 먼저 반찬으로 향했다. 두부를 듬뿍 넣어 끓인 된장찌개와 신선한 산채 무침은 눈으로 보기에도 훌륭했고, 실제 맛도 일품이었다.

"음식 맛이 참 좋네요. 시어머님 솜씨인가요?"

내 질문에 며느리는 웃으며 말했다.

"어머님께 배운 제 솜씨예요."

자연의 풍경도 좋았지만 그보다 더 인상 깊었던 것은 가족이 함께 살아가는 따뜻한 모습이었다. 식사를 마친 뒤에는 아주머니가 직접 타 준 커피까지 얻어 마셨다. 우리는 연신 고마움을 전하며 그 집을 나섰다.

양양행 버스를 기다리며 나는 생각했다. 언젠가 꼭 다시 오겠다고. 그렇게 다짐하게 만든 그 민박집의 이름은 '오대산 내 고향'이었다.

그로부터 10여 년이 훌쩍 지났다. 월둔과 달둔의 깊고도 고요한 지형, 그리고 '오대산 내 고향'에서 만난 사람들의 따뜻한 얼굴은 여전히 기억 속에 선명하다. 여행은 자연을 만나는 일이기도 하지만 결국 사람을 만나는 일이 아니던가.

살둔과 사가리는 아직 가보지 못했다. 그래도 나는 마음속으로 그려본다. 서로 도우며 살아가는 마을이 살둔일 테고, 냇가에 옹기종기 모여 밭을 가꾸는 마을이 사가리일 거라고.

지금도 그때를 떠올리면 그곳의 맑고 고요한 풍경과 사람들의 따뜻한 정이 다시금 마음 깊이 살아난다.

## 수필 교실에서 피어난 공감

 2012년 가을, 문예창작 수필 과정을 듣기 시작한 지도 어느덧 한 학기가 지나가고 있었다. 지난봄 학기와 비교하면 지도 교수님의 강의도 한층 더 능숙해진 것 같았다. 나는 3월 초, 서울시립대학교 서울시민대학 제31기 교육과정에 등록해 수필을 공부하고 있었다.
 첫 강의에서 교수님은 "에세이는 21세기 문학의 주도적 장르"라며 학습 의욕을 북돋워 주었다. 이후 한 편씩 좋은 글을 소개하며 우리 수강생들을 에세이의 넓은 세계로 안내했다. 지난 학기 동안 나는 문학의 깊이를 조금씩 깨달으며 수필의 매력을 어렴풋이 알아갔다. 가을학기에 들어서면서 수필은 마치 중년 여인처럼 중후하고 깊은 매력으로 유혹하고 있었다.

오늘은 여섯 번째 강의가 있는 날이었다. 수필 교실에서 박범신 작가의 '가을에 머무는 생각들'을 함께 공부했다. 계절과도 잘 어울리고 학생들의 연령대와도 맞아떨어지는 글이었다. 교수님의 설명을 따라가며 자연스럽게 작가의 사유 속으로 빠져들었다. 문학작품이 철학을 품어야 독자와 공감할 수 있다는 사실을 희미하게나마 깨닫는 순간이었다.

기성 작가의 작품을 공부한 후, 학생들의 작품을 발표하는 시간이 이어졌다. 먼저 도선주 학생의 '즐거운 회상'이 낭독되었다. 솔직하고 신선한 글이었다. 나도 그와 비슷한 기억이 있을 것 같아 잠시 지난날을 떠올려 보았다. 그의 글 속으로 빨려 들어가면서 동시에 내 지난날을 되짚는 일이 낯설지만 고마웠다.

이어 김병묵 학생의 '마지막 유훈'이 낭독되었다. 한글 10포인트로 A4용지 세 장을 빼곡히 채운 긴 글이었다. 한 인간의 속마음을 그대로 드러내듯 집안의 역사가 펼쳐졌다. 한 세기 전의 삶, 특히 부유했던 한 집안의 영화와 몰락을 함께 담아낸 글이었다. 비슷한 경험이 있는 나로서는 그의 이야기가 실감 나게 다가왔고 우리 집안의 과거가 자연스럽게 떠올랐다. 마지막 문장 "오랜만에 작은어머니께 안부 전화 한 번 드려야겠다."에서 글쓴이의 관대함과 성숙함이 엿보였다. 지도 교수님은 문장력이나 구성보다도 글의 진솔함과 희소성을 높이 평가했다.

마지막 발표자는 문영수 학생이었다. 그의 글 '어머니의 초상'이 낭독되었다. 발표자의 나이가 나와 비슷해 그의 시대적 배경이 나의 것과 겹쳤다. 글은 A4용지 네 장 분량으로 꽤 길었다. 듣다 보니 하고 싶은 말을 많이 줄였겠다는 생각이 들었다.

그의 글은 암울했던 시대를 살아낸 어머니들의 고난과 인내를 섬세하게 담아냈다. 필자의 어머니를 통해 그 시대 모든 어머니들의 이야기가 펼쳐졌다. 나도 모르게 가슴이 뭉클해졌고, 주변 학생들도 같은 감정을 느끼는 듯했다. 발표자의 목소리는 점점 떨리더니 결국 끝내 잠기고 말았다.

그때 교수님이 조용히 말했다.

"다른 분이 대신 읽어 주세요."

수필반 총무 전이순 학생이 망설임 없이 글을 이어 읽었다. 발표자의 감정과 교수님의 배려, 총무의 자연스러운 대응이 하나로 어우러져 교실 안에 따뜻한 공감의 분위기가 퍼졌다. 비록 짧은 순간이었지만 그 장면은 모두의 가슴에 깊이 새겨졌을 것이다.

오늘의 공부는 지성보다 감성의 양식이 더 풍성한 날이었다. 교실을 나서는 발걸음이 유난히 가볍고 산뜻했다. 참 좋은 하루였다.

# 보훈병원에서 본 인간 군상

 며칠 전부터 온몸이 가려웠다. 피부에 붉은 반점까지 생기자 동네 병원에서는 정밀 검사를 위해 큰 병원에 가보라고 권했다. 고민 끝에 보훈병원을 찾아가기로 했다. 나는 전투 상이 유공자로서 보훈병원의 우선 진료 대상자지만 평소엔 가까운 병원에서 간단한 치료만 받아왔다. 보훈병원까지 가는 길이 멀고, 환자도 많아 오래 기다려야 하기 때문이다.
 보훈병원으로 가는 방법을 알아보니, 지하철 천호역에서 셔틀버스를 이용하는 것이 가장 편리하다고 했다. 천호역 대기소에는 길게 놓인 의자가 있었지만, 사람들은 앉아 있지 않고 모두 줄을 서 있었다. 나도 줄에 서고, 여섯 번째였다.
 기다리는 동안 내 뒤로 줄은 점점 길어졌다. 약 5분 뒤, 붉은색

45인승 셔틀버스가 조용히 정류장으로 들어왔다. 타고 있던 사람들이 하나뿐인 출입문으로 내리기 시작했다. 그런데 갑자기 한 여성이 빠르게 앞으로 나와 버스 문에 바짝 붙었다. 마치 내리는 사람들 사이에 틈이 생기면 곧바로 올라탈 기세였다.

처음부터 앞에 서 있던 사람이었나? 순간 의아했다. 내리는 사람이 거의 다 내려갈 즈음, 줄 맨 앞에 있던 사람이 그녀에게 훈계하듯 말했다.

"여기 다 줄 섰어요."

그제야 여자는 힐끗 뒤를 돌아보았다. 말끔한 차림의 30대 여성. 그 순간, 줄 서 있던 사람들의 시선이 모두 그녀에게 쏠렸다. 결국 그녀는 줄 끝으로 가서 맨 뒤에 섰다. 그녀가 탑승할 순서는 20번째쯤 되었고, 자리는 충분했지만 그녀는 여전히 줄 밖으로 몸을 반쯤 내놓은 채 서 있었다.

공중화장실 앞도 아닌데 왜 저렇게 서두를까? 어릴 때부터 자기밖에 모르는 사람으로 자라온 걸까? 아무튼 그녀 때문에 피해를 본 사람은 없었으니 아무 일도 아니었던 것처럼 보이기도 했다.

병원에 도착해 넓은 홀과 긴 복도를 지나며 수많은 사람들과 마주쳤다. 십여 년 전보다 젊은 환자들이 부쩍 많아진 듯했다. 예전에는 목발을 짚은 노인, 허리가 굽은 노인, 다리를 절룩거리는 노인들이 보훈병원의 익숙한 풍경이었다.

피부과 대기실에 도착하니 일곱 명쯤의 환자가 진료를 기다리고 있었다. 나도 그들 사이에 앉아 조용히 기다리고 있었는데, 갑자기 거친 고성이 대기실을 울렸다.

"씨×, 개×야!"

욕설이 귀를 때렸다. 모두가 놀라 소리가 난 쪽을 바라보았다. 사십 대쯤 되어 보이는 남자가 허공에 주먹질하며 의자를 걷어차고 있었다. 누군가를 향한 분노가 아니었고, 혼잣말은 알아듣기조차 어려웠다.

그때, 대기 중이던 한 환자가 단호하게 외쳤다.

"여기 유공자 아닌 사람이 어디 있어? 조용히 해요!"

잠시 뒤 병원 직원 두 명이 달려와 그를 제지했다. 그는 직원에게 주먹을 휘두르며 거칠게 반항했다. 직원은 단번에 그를 제압했고, 결국 멱살을 잡힌 채 밖으로 끌려나갔다.

소란이 가라앉은 뒤 시간이 꽤 흘렀을 무렵, 그는 경찰관 두 명과 함께 다시 나타났다. 우리를 향해 일부러 주먹을 자기 얼굴에 갖다 대며 아까 병원 직원에게 맞았다고 엄살을 부렸다. 조금 전까지는 호기롭게 날뛰더니, 이제 와서 피해자인 척하는 모습이 우스웠다.

구타라기보다는 주먹 한 번 정도였다. 상처도 없었는데, 자신의 잘못은 전혀 없다는 태도가 못내 가소로웠다. 사내답지 못한 행동이었다.

진료를 마친 뒤 천호역으로 가는 셔틀버스를 타기 위해 줄을 섰다. 정원이 45명인 버스는 조용하고 차분한 분위기였다. 나는 눈을 감고 오늘 하루를 되돌아보았다.

보훈병원이 처음 문을 열었을 당시 진료 대상은 독립운동을 한 건국유공자와 6·25 전쟁 상이군경이었다. 이후에는 월남전 참전 상이군인까지 포함되었다. 하지만 이제 그 세대 대부분은 국립묘지에 잠들어 있다. 지금 보훈병원의 진료 대상은 사회적 갈등과 비극 속에서 국가유공자로 인정받은 사람들이 주를 이루는 듯했다.

오늘 보았던 두 사람도 국가유공자이거나 그 가족일 가능성이 높다. 이들의 추태가 유난히 눈에 띄었지만, 결국 그들 또한 우리 사회의 일부다. 고대 메소포타미아 문명을 이끈 수메르인의 기록에도 "요즘 젊은이는 무례하다"라는 말이 전해진다. 몸과 마음이 따로 자라온 사람들이 세상에 섞여 살아가는 건 어쩌면 피할 수 없는 일일지도 모른다. 그렇게 생각하니 마음이 조금 편안해졌다.

# 어허! 저래서는 안 되는데

"딩동댕~"

다섯 개의 철판이 경쾌한 소리를 내며 울린다. 이어 사회자 송해 씨가 구수하고 힘차게 외친다.

"전국노래자랑~"

이 한마디만 들어도 흥겹고 활기찬 무대가 시작될 것을 알 수 있다.

매주 일요일 낮 12시 10분, KBS에서 방영되는 전국노래자랑은 내가 가장 좋아하는 프로그램이다. 수많은 방송 프로그램 중에서도 으뜸이라 생각하는 이유는 남녀노소 누구나 출연할 수 있다는 개방성과 평범함 때문이다. 직업이나 학력, 나이, 과거의 이력까지도 묻지 않는다. 단지 음정과 박자만 맞춘다면 누구든지 무대에

설 수 있다.

인터넷 검색을 해보니 이 프로그램은 44년 전통의 대한민국 최장수 오디션 프로그램이었다. 전국 232개 시·군·구를 순회하면서 공연을 한다면 약 4년 반에 한 번씩 무대가 돌아오는 셈이다. 그만큼 지역 주민들에게는 큰 경사이자 자랑거리다.

방송 시간은 약 1시간 10분. 그 안에 노래뿐 아니라 지역의 자연과 문화, 특산물까지 소개된다. 어떤 지역은 방송을 보고 있으면 꼭 한 번 가보고 싶어진다. 출연자와 관객, 시청자 모두가 함께 즐기는 이만한 무대도 드물다. 매주 한 번씩 펼쳐지는 국민적 놀이 마당이다. 하지만 가끔 이런 흐뭇한 무대에도 옥에 티 같은 장면이 있다.

2015년 11월 15일, 대구 북구에서 열린 전국노래자랑을 보고 있을 때였다. 무대는 흥겨운 분위기 속에 마무리 단계에 접어들고 있었다. 그때 40대로 보이는 한 여성이 어린아이를 안고 등장했다. 아이를 바닥에 세워놓고 경쾌한 곡을 부르며 춤을 추었다. 실력도 좋았고 무대도 밝았다.

노래가 끝나자 송해 씨가 다가갔다.

"아이가 참 예쁘네요. 몇 살이에요?"

여성은 활짝 웃으며 대답했다.

"15개월이에요. 아주 순한 아이랍니다."

송해 씨는 아이와 엄마를 악단장에게 데려갔다. 악단장은 늘 하던 대로 지갑에서 만 원짜리 한 장을 꺼내 아이에게 건넸다. 그때 엄마가 뜻밖의 말을 내뱉었다.

"요것 가지고는 안 되는데요."

그러더니 무대 밖을 향해 큰 소리로 외쳤다.

"미○아~ 나○아~"

곧이어 여섯 살쯤 되어 보이는 아들과 네 살쯤 된 딸이 무대로 뛰어나왔다. 아이들은 자연스럽게 엄마를 따라 악단장 앞으로 가더니 순진한 얼굴로 손을 내밀었다. 악단장은 당황한 기색이 역력했다. 그러나 어쩌랴. 결국 두 장의 지폐를 더 꺼내 주었다. 순식간에 3만 원이 빠져나갔다. 그때 큰아이가 또박또박 당돌하게 말했다.

"우리 외할머니는 노란 거 주는데!"

나는 '노란 것'이 무엇을 말하는지 처음엔 얼른 알아듣지 못했다. 5만 원권이 막 나왔던 때였다. 송해 씨는 싱글벙글 웃기만 했다. 그 가족 일행은 급히 무대 아래로 내려갔다. 그 후 무대는 다음 차례로 이어졌다.

엄마의 부름에 두 아이가 뛰어나올 때, 나는 소파에서 벌떡 일어났다. TV에 열중하다가 반사적으로 손을 들며 외쳤다.
"어허! 저래서는 안 되는데."

# 독도 플래시몹

친구가 '독도 플래시몹'이라는 제목의 동영상을 메일로 보내왔다. 첫 화면은 서울역 광장의 평범한 일상을 비추고 있었다. 시민들은 저마다의 목적지를 향해 분주히 움직였고, 특별할 것 없는 풍경이 이어졌다.

그런데 갑자기 스피커에서 '독도는 우리 땅' 반주가 흘러나왔다. 순간 일고여덟 명의 젊은 여성들이 경쾌한 율동을 시작했다. 밝은 표정과 리듬감 넘치는 동작이 사람들의 시선을 단숨에 사로잡았다.

그때 한 여성의 힘찬 목소리가 광장을 가득 채웠다.

"여러분!"

웅변조의 외침이 이어졌지만 정확한 내용까지는 알아듣기 어려웠다. 분위기는 어느새 뜨겁게 달아올랐다. 그녀가 "고! 고!"를 외치자 사람들은 점점 더 흥겨워졌다. 그사이 춤을 추는 무리는 순식간에 칠팔십 명으로 늘었고, '독도는 우리 땅' 노래에 맞춰 신나는 단체 율동이 펼쳐졌다.

순간 나는 새삼 깨달았다. '독도는 우리 땅'이 이렇게 활기차고 생동감 넘치는 곡이었다는 사실을. 그 노래에 맞춰 춤추는 젊은 이들의 환한 얼굴은 정말 아름다웠다. 각기 다른 옷차림과 개성을 지닌 이들이 하나의 음악에 맞춰 조화를 이루는 모습은 그 자체로 예술처럼 느껴졌다. 어느새 나도 그 분위기에 휩쓸려 어깨를 들썩이며 흥겨움을 만끽하고 있었다.

길을 가던 사람들도 발걸음을 멈추고 구경하기 시작했다. 그들의 표정 역시 밝았다. 노래를 따라 부르거나 박수로 장단을 맞추며 즉흥적인 축제를 함께 즐겼다. 한 소년이 호기심에 이끌려 춤추는 무리에 끼어들었는데 아직 동작이 서툴러 옆 사람을 따라 하며 어색하게 움직였다. 그래도 그의 표정은 해맑았고, 보는 나도 흐뭇해졌다.

스피커에서는 노래 중간중간 해설이 흘러나왔다. 또렷한 발음으로 5절까지 차분히 이어진 후 마지막으로 친숙한 1절이 한 번 더 울려 퍼졌다. 광장에 모인 모두가 독도를 사랑하는 마음, 나라를 아끼는 마음으로 하나가 된 듯했다.

보통의 집회와는 사뭇 다른 광경이었다. 분노에 찬 구호 대신 즐거운 노랫소리가 울려 퍼졌고, 긴장된 얼굴 대신 밝은 미소가 가득했다. 주먹을 쥐고 흔드는 대신 손뼉을 치며 환호하는 사람들. 억지스러운 강요 없이 자유롭게 표현하는 모습은 오히려 더 강한 울림을 주었다. 젊은이들이 자발적으로 모여 하나의 메시지를 만들어내는 과정, 그것이야말로 건강한 사회의 모습이 아닐까.

4분 남짓한 짧은 시간이었지만 나는 깊은 감동을 받았다. 아쉬운 것은 이 감동이 너무 빨리 끝나버렸다는 점이었다. 마지막 후렴이 끝나자 춤추던 무리는 관객들의 박수와 환호 속으로 흩어졌다. 하지만 그들이 남긴 여운은 쉽게 가시지 않았다. 영상 속에는 감동한 관중들만 남아 있었고, 나도 그 관객의 한 사람이 되어 한동안 화면을 바라보며 그 순간을 되새겼다.

독도는 멀리 있지만 우리의 마음속에서는 언제나 가까운 곳에 있다. 영상 속 광장에서 울려 퍼진 노래처럼 우리의 애정이 언제까지나 변함없이 이어지길 바랄 뿐이다.

## 낯선 감정 앞에서

나는 전철을 탈 때 일반석에 자리가 있어도 잘 가지 않는다. 무임승차 혜택을 받는 노인이라면 경로석을 이용하는 것이 당연하다고 생각하기 때문이다.

에세이스트 문학회 수필 공부반에 가기 위해 왕십리행 전철을 탔다. 시발역이 수원이었기 때문에 중간역인 죽전에 도착했을 무렵엔 이미 경로석이 가득 차 있었다. 서서 가야겠다고 마음먹던 순간, 한쪽 3인석 가운데에 앉아 있던 60대쯤 되어 보이는 여성이 갑자기 일어나며 나에게 자리를 내주었다. 전혀 예상하지 못한 일이었기에 어리둥절했지만, "고맙습니다"라고 인사하고 조심스레 앉았다.

오른쪽에는 80대로 보이는 수수한 차림의 노인이 앉아 있었고,

왼쪽에는 30대쯤 되어 보이는 젊은 여성이 자리를 차지하고 있었다. 그녀는 휴대폰을 들여다보지도 않고, 자는 척도 하지 않았다. 그저 아무렇지 않게 앉아 있었다.

문득 이상한 기분이 들었다. 방금 전 자리를 양보한 여성과 달리, 이 젊은 여성은 전혀 움직이지 않았다. 혹시 임신부일까? 아니면 겉으로 보이지 않는 장애가 있는 걸까? 하지만 겉모습으로는 아무런 이상이 느껴지지 않았다.

경로석 주위에는 서 있는 사람들이 여럿 있었다. 네댓 명은 손잡이를 붙잡고 있었고, 내 바로 앞에는 70대로 보이는 남성이 서 있었다. 전철은 몇 개 역을 지나도 상황이 달라지지 않았다.

나는 잠시 망설였다. 이 상황에서 말을 꺼내는 게 맞을까? 하지만 결국 참지 못하고 입을 열었다.

"보아하니 임신부도 아니고, 장애인도 아닌 것 같은데, 앞에 서 계신 이 어르신께 자리 좀 양보하지요."

나는 옆자리의 젊은 여성에게 말을 건넸고, 동시에 서 있는 남성을 힐끗 쳐다보았다. 내 말에 동의하는 반응을 기대하며 말했다. 하지만 돌아온 반응은 전혀 예상 밖이었다. 그 남성은 아무 말 없이 나를 바라보며 그저 빙긋 웃었다. 젊은 여성도 말이 없었다. 괜히 참견했나 싶어 얼굴이 뜨거워졌다.

나는 다시 한번, 목소리를 조금 높였다.

"왜? 양보 못 하겠다는 겁니까?"

그제야 여성이 입을 열었다.

"양보했는데 안 앉으셨어요."

나는 그제야 상황을 이해했다. 70대 남성은 이미 자리를 양보받았지만 앉지 않은 것이었다. 그런데 그는 나를 바라보며 여전히 아무 말 없이 웃고 있었다. 그 웃음이 비웃음인지, 멋쩍음인지, 아니면 아무 뜻도 없는 표정인지 알 수 없었다.

순간 화가 치밀었다. 자리 양보를 하지 않은 여성보다 오히려 그 남자가 더 밉게 느껴졌다. 나는 언성을 높였다.

"뭐 이런 사람이 다 있어요? 자기를 위해 일부러 내가 말까지 했는데, 고맙다는 말 한마디라도 해야 하는 거 아닙니까? 웃기는 왜 웃어요?"

전동차 안 승객들 중 절반은 내 큰 소리를 들었을 것이다. 하지만 그는 여전히 말없이 웃기만 했다. 주변 사람들도 아무런 반응이 없었다. 나만 괜히 흥분하고 소란을 피운 셈이 되었다.

얼마 후, 그 남자는 조용히 전철에서 내렸다.

나는 혼자 남아 가라앉지 않는 감정을 추스르려 애썼다. 불쾌했고, 허탈했고, 착잡했다. '앞으로는 남의 일에 괜히 참견하지 말아야겠다'고 생각했다. 하지만 도움을 요청받지 않았다고 해서 외면하는 게 과연 옳은 일일까. 그것 역시 사람이 지켜야 할 도리가 아닐까.

  그 남자는 끝내 아무 말도 하지 않았다. 그는 왜 침묵했을까. 혹시 언어장애가 있었던 걸까. 아니면 나의 말과 행동을 불필요한 참견이라 여기고 비웃었던 걸까. 어쩌면 그는 단지 자신을 둘러싼 상황을 한 발짝 떨어져 바라보고 있었던 것인지도 모른다.

  결국 나는 처음부터 필요 없는 간섭을 했던 셈이었다. 세상은 끊임없이 변한다. 물질문명의 발전은 우리의 삶을 바꾸고, 이전과는 조금씩 다른 문화를 만들어 낸다. 기존의 가치관으로 변화하는 세상을 판단하려 한다면 혼란과 갈등은 피할 수 없다. 오늘 나는 그 혼란 속에서 스스로 만든 갈등을 겪었다.

  격해졌던 마음이 가라앉고 나서야 조용히 스스로에게 물었다.

  '나는 과연 올바른 일을 한 것이었을까?'

## 후회는 뒤늦게 온다

가만히 혼자 있을 때면 저절로 지나온 시간을 돌아보게 된다. 이상하게도 떠오르는 기억은 대부분 후회로 가득한 일들이다. 나이가 들어서일까. 앞으로의 일보다 이미 지나간 날들이 더 자주 떠오르고, 그 속에서는 자랑스러운 순간보다 미흡하고 아쉬웠던 장면이 훨씬 많다.

후회 없는 인생은 없다고 하지만 나는 유독 아쉬운 기억이 많은 듯하다. 그때는 어쩔 수 없었다고 스스로 변명해보지만 지나고 나면 경솔했던 점, 냉정했던 말, 조언을 듣지 않았던 일이 자꾸 떠오른다. 어떤 기억은 평생 말하지 않고 묻어두고 싶지만, 또 어떤 기억은 누군가에게 전해 같은 실수를 반복하지 않게 하고 싶은 마음이 생긴다.

그중에서도 특히 오래도록 마음에 남는 일이 하나 있다.

일흔 즈음, 친구들과 함께 산을 자주 찾던 때였다. 2002년 5월, 우리는 소백산을 오르기로 하고 다섯 명이 함께 길을 나섰다. 중앙선 열차를 타고 경북 풍기역에 도착한 뒤, 산으로 향하는 버스를 타고 종점까지 이동했다. 1박 2일 일정이라 숙박할 민박집부터 알아봐야 했다.

길을 따라 걷다 보니 '민박'이라는 작은 간판이 붙은 집이 눈에 들어왔다. 방은 넓고 깨끗했고 다섯 명이 묵기에도 넉넉했다. 가격도 적당했다. 60대 후반쯤 되어 보이는 주인 아저씨는 인상이 좋고 무척 친절했다. 우물가에서 손발을 씻으며 우리는 여유를 만끽했다.

저녁 식사는 산나물 반찬이 정갈한 밥상에 더덕술까지 곁들여졌다. 산속의 맑은 공기, 나직한 술잔 부딪는 소리, 오랜 친구들의 웃음까지 한데 어우러져 그저 고마운 밤이었다.

다음 날 아침, 아저씨는 우리를 등산로 입구까지 데려다주겠다고 화물차를 꺼내오셨다. 산길을 따라 올라 도착한 곳에서 우리는 차에서 내렸다. 감사의 인사만 남기면 될 순간이었다. 그런데 어쩐 일인지 아무도 먼저 입을 떼지 못했다. 나는 일행의 회장이었고, 총무는 주 사장이었다. 우리 둘은 그저 어색하게 서 있기만 했다. 무안해하는 그 순간에 내가 회장임을 자각하며 궁지에서 탈출을 시도하고 말을 꺼냈다.

"아저씨, 정말 고맙습니다. 덕분에 편히 쉬고 갑니다."

내가 먼저 허리를 숙이자 나머지 일행도 뒤따라 인사했다. 우리 일행도 나를 따라 그 주인 아저씨의 실망과 원망이 가득한 표정을 훔쳐보며, 도망치듯 냉정하게 등을 돌리고 자리를 떴다.

그렇게 비정하게 처신한 우리의 속사정은 이렇다. 우리 산행 친구들 사이에는 관행이 있었다. 출발할 때 예상되는 전체 비용을 대강 정하고, 분담된 금액을 총무에게 맡기면 총무가 전 과정에서 비용을 다 지급하고, 산행 후 해산할 때 결산을 한다. 돈이 남으면 나누어 주고, 혹 초과되면 추가로 갹출하여 종결해 왔다.

난처했던 그때, 회장인 내가 얼른 내 주머니에서 3만 원 정도라도 사례금으로 그분에게 드렸으면 참 좋았을 텐데, 아니면 공금으로 3만 원을 드리라고 총무에게 말했을 수도 있었을 텐데, 그랬어야 했는데…. 그때 왜 그렇게 하지 않았을까?

후회는 늘 뒤늦게 찾아온다. 다 지나가고 나서야 그믐달처럼 마음에 걸린다. 아저씨가 마지막에 지어 보이던 실망 가득한 그 어진 표정이 지금도 산에 오르다 보면 눈앞에 어른거린다.

# 문상

 부고를 받았다. 40여 년 전 군에서 상하 관계로 함께 근무했던 옛 동료가 세상을 떴다는 비보였다. 갈까 말까 갈설였지만 직접 찾아가 마지막 인사를 건네는 것이 도리라 생각하며 길을 나섰다.
 나는 부고를 보통 동창회, 향우회, 혹은 옛 직장 모임을 통해 접한다. 이러한 통보에는 문상 시간과 장소가 포함되어 있어 참석 여부를 정하기가 쉽다. 최근에는 조의금 송금 계좌까지 명시한 부고도 받아보았다. 앉은 자리에서 편하게 애도를 표할 수 있도록 한 배려지만, 문상은 단순히 돈을 보내는 일이 아니라 마음을 전하는 일이라 쉽게 적응되지 않는다.
 동료와는 한때 서먹했던 적이 있다. 그가 연대장으로 있던 시절, 내가 그의 부대를 방문했을 때의 일이다. 공구를 마친 후, 그는 점심을 대접하려 했다. 그런데 부하 병사들이 야외에서 간이 취사장을 차려 요리를 준비하는 모습을 보고 나는 자리를 뜰 수밖에 없었다. 등산객과 유람객이 자주 오가는 장소에서 병력을 사적인 일에 동원하는 것은 부적절하다고 판단했기 때문이다.

나는 그를 꾸짖지 않았다. 말없이 부대로 돌아왔다. 돌아오는 길에 내가 너무 엄격했는지, 지나치게 경직되었는지 계속 생각했다. 그때도, 지금도 그 판단은 반반이다. 나는 그 일을 다시 꺼내지 않았고, 그의 연락을 일부러 피하지도 않았다. 하지만 그는 끝내 나에게 문안 인사조차 하지 않았다.

그는 갑종간부 출신으로 유능하고 성실했다. 육사 출신도 쉽게 오르기 힘든 사단장 자리까지 올라 소장으로 예편했다.

서현역에서 내려 한참을 걸어 병원 영안실에 도착했다. 빈소 입구에서 방명록에 이름을 적고, 조의금을 전했다. 그런 뒤 지팡이를 조심스럽게 세워 두고 영정 앞에 섰다. 비치된 국화 한 송이를 내려놓고 조용히 머리를 숙였다.

"이 사람아, 그때 많이 서운했구나. 하지만 나는 상관으로서 민간의 시선을 의식하지 않을 수 없었네. 그래도 자네가 나를 대접하려 한 마음은 고맙게 생각하네. 이제 편히 쉬게나."

허리를 한 번 더 굽혀 절하고 나서 유족들에게 다가갔다. 젊은이 네다섯 명이 줄지어 서 있었다. 그들도 나를 몰랐고, 나 역시 그들을 처음 만났다. 잠깐 어색한 침묵이 흘렀다.

내가 먼저 소개를 해야겠다고 생각하여 입을 열었다.

"옛날 고인이 경북 울진에서 연대장으로 근무할 때 사단장이었어요."

그제야 맏이로 보이는 젊은이가 고개를 숙이며 말했다.

"감사합니다. 저는 큰아들입니다."

다른 가족들도 인사를 건넸다.

"둘째 아들입니다."

"며느리입니다."

고인 부인의 모습은 보이지 않았다. 그냥 돌아가야 하나 망설이던 중에 큰아들이 말했다.

"점심시간이 다 되었는데 식사하고 가시지요. 어머니도 모셔오겠습니다."

나는 그의 안내를 따라 식사 장소로 향했다. 마침 부인은 다른 조문객과 대화를 나누고 있다가 자리에서 일어섰다. 큰아들이 나를 소개하자, 부인은 의아한 눈빛으로 조심스럽게 물었다.

"저… 안동에 계시던…."

나는 고개를 끄덕이며 대답했다.

"그렇습니다."

그 당시 사단사령부는 안동에 있었다. 부인과 이야기하던 인물은 갑성회 회장이었다. 우리는 자연스럽게 "언제 오셨나요? 혼자 오셨나요?" 인사말을 주고받았다. 덕분에 부인과의 어색함도 금세 사라졌다.

점심을 먹고 나서 갑성회 회장은 더 머무르겠다 했고 나는 먼저 자리에서 일어났다. 지팡이를 짚고 나서자 회장과 부인은 엘리베이터까지 배웅해 주었다.

돌아오는 길, 차 안에서 생각이 많았다. 부인이 나를 기억하지 못한 것이 마음에 걸렸다. 함께 근무한 시간이 1년 남짓이고, 부인을 동반한 모임도 많지 않았으니 그럴 수 있다. 40년 넘는 세월이 흐른 것도 이유였을 것이다. 갑성회 회장이 없었더라면 더 난처했을지도 모른다. 불현듯 머릿속으로 떠오르는 말이 있었다.

"여든이 넘으면 남의 흉일(凶日)과 길일(吉日)에는 가지 않는 것이 좋다."

"결혼식의 주인은 부모이고, 장례식의 주인은 자식이다."

이기적인 생각은 아니었다. 대부분의 문상은 유족과의 인간관계를 바탕으로 이루어진다. 그래서 오늘처럼 나를 아는 사람이 아무도 없는 빈소에 찾아가는 일은, 결국 나 혼자만의 비애를 되새기는 시간이 될 수도 있다.

물론 애도의 마음은 고인에게 직접 전해지지 않는다. 유족에게 전달될 뿐이다. 그렇다면 유족이 나를 모른다면 오늘의 문상은 의미 없는 일이었을까?

그렇지 않다. 나는 오늘 고인에게 속마음을 전했다. 그 자체로도 충분히 의미 있었다. 다만 "여든이 넘으면 문상은 가지 않는 것이 좋다."라는 말이, 어쩌면 현실적인 조언일지도 모르겠다는 생각은 지울 수 없었다.

# 판문점 제3땅굴

이 이야기는 내가 직접 겪은, 1978년도의 실화를 바탕으로 한다. 당시 써두었던 진중일기를 되짚어가며 감정을 최대한 절제하고 사실 위주로 기록하려 한다. 단순한 회고가 아니다. 자존심에 상처를 입고, 그 상처를 극복하기 위해 스스로와 싸웠던 날들의 기록이기도 하다.

이 글은 단지 나만의 경험이 아니다. 판문점 제3땅굴이라는 특수한 장소를 배경으로, 군 복무 중 겪은 현실의 무게와 그 이면을 전하고자 한다. 땅굴이라는 존재에 관심 있는 이들에게 작은 단서이자 의미 있는 참고가 되기를 바란다.

# 판문점 땅굴의 탐지와 확인

1978년 10월 27일 주한 UN군 사령부는 판문점 근처 비무장 지대에서 북괴가 파 내려온 또 하나의 땅굴을 발견했다고 발표했다.

1974년과 1975년에 이어 세 번째로 발견된 이 땅굴은 판문점에서 남쪽으로 4km 지점에 있고 판문점 공동 감시구역 내 UN군 기지로부터 2km밖에 안 되는 지점에서 발견되었다. 이 지점은 서울에서 가장 인접한 비무장 지대 안에 있다.

이 발표 내용은 당시 문화공보부에서 공식적으로 발표한 정부 성명의 서두에 해당한다. 하지만 '땅굴을 발견한 날짜'와 '발견했다고 발표한 날짜'는 다르며, 이는 충분히 예상할 수 있는 일이다. 땅굴을 발견하기까지는 예측에서부터 탐지, 인지, 확인에 이르는 모든 과정이 필요하며 이러한 절차에는 수개월에서 수년이 걸릴 수도 있다. 따라서 일반적으로 발표된 날짜를 발견한 날과 동일하게 간주하는 경우가 많지만, 실제로는 탐지 과정이 상당한 시간이 소요되었음을 고려해야 한다.

1975년 3월 19일 공식 발표된 철원 북방의 제2땅굴 발견 이후, 3년 반 만에 제3땅굴이 발견되었다. 이 기간 동안 남북 간 땅굴 문제에 대한 관심은 더욱 고조되었으며, 북한과 한국 모두 이에 대한 대응에 집중했다. 남침 땅굴이 전 세계에 공개되면서 북한은 이에 대한 수습과 대책 마련에 나섰을 것이다. 우리 또한 추가적인 땅굴 발견을 위해 더욱 적극적으로 움직였다.

1975년 초, 북한 노동당 연락부원이었던 귀순자 김부성(金富成) 씨는 제2땅굴 발견이 공식 발표된 지 이틀 뒤인 3월 21일, 기자 회견을 통해 "북한이 여러 곳에서 땅굴을 더 파고 있다"고 증언했다. 그는 직접 굴착 공사에 참여했던 판문점 지역을 현지 답사하며 땅굴의 규모와 방향까지 상세히 설명했다. 그의 증언은 북한의 침투 전략에 대한 중요한 단서가 되었고, 이를 바탕으로 우리 군은 더욱 활발한 땅굴 탐지 작전을 전개해 나갔다.

육군본부는 땅굴 탐지를 전담하는 '26위원회'를 구성해 운영하였고, 미 8군 사령부도 TNT(Tunnel Neutralization Team)를 조직해 땅굴 탐지에 적극 나섰다. 현지 부대인 1사단에서는 지속적으로 탐지공을 뚫는 작업이 진행되었으며, 군 전체적으로 땅굴 탐지에 대한 관심과 대응이 강화되었다.

땅굴 탐지 작업은 오랜 시간과 인내를 요구하는 과정이었다. 3년여에 걸친 답답하고 긴 탐색 작업이었다. 마침내 적의 땅굴을 발견할 가능성이 보이기 시작한 것은 1978년 6월 10일이었다. 그날 아침 6시 13분, 1사단의 땅굴 탐지 작업 지역에서 갑작스러운 폭음과 함께 물기둥이 10여 미터 공중으로 솟구쳤다. 과거에 뚫었던 탐지공 중 하나인 C-25 공이 터진 것이다. 탐지 현장에는 흥분과 긴장이 감돌았다.

미 8군의 TNT가 주도하여 C-25 공을 직경 4인치에서 8인치의 탐지공으로 크게 만들었다. 이후 C-25 공의 북쪽 3미터 지점에서 새로운 탐지공을 파기 시작했다.

이 새로운 탐지공의 깊이 234피트에서 카메라로 공동(空洞)을 확인했다. 그 후, 탐지공의 북쪽 20미터 지점에서 또 다른 탐지공을 팔 준비를 하고 있었다.

탐지공을 통해 굴을 확인하는 방법은 카메라와 모니터를 케이블로 연결한 뒤, 카메라를 탐지공에 넣고 천천히 회전시키며 내려보내는 방식이었다. 이때 모니터에는 매우 밝은 반사광이 나타나다가, 공동을 만나면 회전하면서 보내오는 영상이 조금 밝았다가 캄캄해지기를 반복했다.

밝은 영상은 피사체가 카메라와 가까워 카메라에서 발광하는 빛이 바로 반사되어 밝게 비치고, 캄캄한 영상은 피사체가 없거나 너무 멀어서 반사광이 없기 때문에 나타난다. 따라서 캄캄한 부분은 굴이고, 환한 부분은 굴의 벽면이다.

이 카메라는 방수 기능이 있어 수중에서도 그 기능을 발휘한다. 이로써 굴의 존재, 깊이, 그리고 대략적인 크기도 알 수 있다. 만약 인근의 또 다른 지점에서 같은 굴을 찾게 되면, 두 점을 연결하는 선을 통해 그 굴의 방향까지 확인할 수 있다.

이와 같은 작업과 판단은 미 8군에 의해 이루어졌기 때문에, 현지 부대인 1사단은 탐지작업이 진행되고 있다는 정도밖에 알 수 없었다. 땅굴 탐지는 철저한 보안 속에서 신중하게 진행되었다.

6월 20일, 미 8군 사령관 Vessy 대장께서 갱도 탐지 현장에 나오신다고 하였다. 사단장이 외출 중이라 부사단장인 내가 나가 현장에서 마중하였다. 그분을 수행하여 현지 반장인 미군 정보소령이 보고하는 내용을 들었고, 이를 메모하여 현장 상황을 알 수 있었다. 북괴의 남침 땅굴을 하나 더 발견하는 흥분되는 작업은 이렇게 미군에 의해 조용히 진행되고 있었다.

6월 23일, 사단장은 미 8군 회의에서 돌아와 다음 사항들을 지시하였다. 이로써 1사단에서도 땅굴 대책이 현실화되기 시작했다.

첫째, 탐지 현장의 전방에 추가 철책을 설치할 것.
둘째, 철책 경계를 담당하는 병력을 기존보다 1개 중대 증원할 것.
셋째, 도라산에서 탐지 현장까지 연결되는 도로를 신설할 것.
넷째, 탐지현장의 경계병력을 1개 중대로 증강할 것.

다섯째, 탐지 현장에 사단 전방 지휘소(CP)를 설치하고 브리핑실도 준비할 것.

여섯째, 위 조치에 따른 부대 조정과 공사 소요를 판단할 것.

남침 땅굴의 존재와 그 위치가 확인됨에 따라, 그 굴에 도달할 통로로 아군이 사용할 역갱도(逆坑道)를 만드는 일이 핵심 과업이다. 아군이 파고들어 갈 역갱도의 입구가 이 작전의 중심지가 된다. 여기에 병력과 장비가 집중될 것이므로 이를 방호하기 위해 약 3km의 철책을 기존 철책과 연계하여 반원형으로 추가 설치하는 공사가 제일 먼저 시작된다. 군단 공병에서는 도라산에서 이 현장까지의 도로 신설공사를 시작했다. 도로 신설 지역은 옛날의 전답으로 습지대인데, 장마철이라 비가 계속 내리니 공사 현장은 모두 진흙탕이 되고, 대형 덤프트럭으로 바윗돌을 연달아 쏟아부어도 그저 묻히기만 한다. 노반은 좀처럼 형성되지 못하고, 철책 공사도 더위와 비로 진도가 계획보다 느리다.

7월 4일, 이날은 미국의 독립기념일이다. 이날 15시 40분에 지난 6월 28일에 파기 시작한 C-28공의 시추 끝이 242피트 깊이에서 갑자기 7피트 6인치 아래로 떨어지면서 지표면 구멍으로 약 2

미터 높이로 물이 솟아올랐다. 미군 TNT 현장이라 내가 목격은 못했지만 참으로 감격스러운 순간이었을 것이다. 만 3년여의 노고 끝에 적의 남침 땅굴을 확실히 발견한 것이다. 점에서 선으로 확인하게 된 것이다.

갱도 작전은 탐지에서 소탕과 확보로 그 목적을 바꾸어 활발하게 계속되었다. 7월 6일, 하루 종일 갱도 작전지역에서 현지 확인, 회의, 특히 특수임무부대 운용에 따르는 여러 문제점을 해결하느라 밤 10시가 넘어서야 샵차에 급조된 나의 휴식처에 다리를 뻗고 누울 수 있었다. 이날은 내가 남방 한계선상에서 자게 되는 첫날이고, 육군에서 적과 가장 가까운 거리에서 밤잠을 자게 되는 최초의 장군이 되는 날이기도 하다. 미 8군의 TNT는 현재의 탐지 성과에 만족하지 않고, 땅굴의 크기와 축선을 재확인하고 또 예측할 수 없는 사태에 대비하기 위해 확인된 적 갱도상에 C-29공과 C-30공의 두 구멍을 더 파고 있다. 발견은 되었지만 지하에 있어 아군의 통제권 밖에 있는 적에게 필요시 아군이 대응할 수단을 확보하기 위해서다. 나는 여기서 미국 군대의 주도면밀함을 실감했다. TNT는 또 그들이 의심하는 예상 축선에서는 철침을 5~6개 꼽고 지하 소음을 청취 기록하고 있어 나도 그 리시버를 끼고 들어보니 갱차가 굴러가는 것 같은 소리, 해머로 돌을 치는 것 같은 소리, 돌을 쏟아붓는 것 같은 소리가 들린다. 이런 지하 소음의 진실은 이 땅굴 작전이 끝날 때쯤 저절로 알게 되었다.

## # 아군의 역갱도(逆坑道) 굴착 공사

역갱도 공사는 현대건설이 도급을 맡아 진행했다. 초기에는 측량기사 2명이 출퇴근하며 측량하고 공사 계획을 수립하더니 불도저 2대가 투입되어 역갱 입구를 조성하기 시작했다.

공사에 들어가기 전, 훗날을 대비해 현지 지형 사진을 여러 장 촬영했다. 특수임무부대(TF) 참모와 현대건설 기사들과 함께 착공 기념사진을 찍은 후 본격적인 공사가 시작되었다. 그때가 1978년 7월 8일, 오후 2시였다. 역갱 입구의 위치 선정은 매우 중요한 문제였다.

다음과 같은 사항을 고려해 결정했다.

첫째, 적의 관측으로부터 은폐될 것(위치 노출을 방지해야 함)
둘째, 공사 장비와 자재를 적재할 넓은 공간이 확보될 것
셋째, 적절한 갱도 길이와 경사도를 유지할 것
갱도의 길이는 구배(勾配)에 따라 달라지고, 이는 공사 난이도와

방문객 출입 난이도에도 영향을 미쳤다. 특히 지하 73m에 위치한 적 갱도의 막장이 정확히 어디인지 모른다는 점이 가장 큰 문제였다. 만약 C-25공이 막장이라면 그보다 더 남쪽을 관통점으로 설정해서는 안 된다.

잘못하면 적 갱도가 없는 곳을 향해 땅굴을 파 내려가는 상황이 벌어질 수 있기 때문이다. 따라서 확인된 탐지공 중 하나를 목표로 역갱도를 굴착하는 것이 최선의 선택이다. 사단과 현대건설은 심도 깊은 논의 끝에, 경사도 14도 30분으로 C-25와 C-27 중간 지점을 향해 내려가는 역갱도를 굴착하기로 결정했다. 역갱도 길이는 278m로 설정되었으며, 이를 평면도로 그려보면 역갱도는 적 갱도와 55도의 각도로 교차하는 형태가 되었다.

역갱 입구의 표토(表土) 절개 작업이 시작된 지 13일째 되는 날, 7월 21일에야 비로소 갱도 입구에 지보(支保) 강철빔 5개를 설치했고, 최초의 발파가 이루어졌다. 현대건설은 대형 발전기와 컴프레서를 현장에 투입했고, 벌흙 운반용 갱차 2대와 궤도 부설 작업도 진행했다. 공사가 진행될수록 더 많은 전동기기가 사용될 것이었기에 전력 인입 공사가 시급한 문제로 떠올랐다. 이미 전선이 연결되어 전등을 사용할 수 있었지만, 이는 조명용일 뿐 동력 공급에는 부족했다. 결국, 문산에서 현장까지 별도의 전력 인입 공사를 진행해야 했고, 이는 육군본부 26위원회의 사업으로 1군단 공병이 담당하게 되었다.

공사 계획상 역갱도 굴착에는 105일이 소요될 예정이었다. 하지만 사단장과 군단장은 이를 9월 말까지 완료해 10월 1일 국군의 날 발표를 목표로 했다. 이를 위해 하루 3m씩 파던 공사 진도를 3.86m, 즉 하루 4m로 늘려야 했다. 목표를 달성하기 위해 공사팀은 필사의 노력을 기울였다. 초기의 공사 진행 상황을 보며 과연 목표 기한 내에 완공할 수 있을지 가늠해 보아야 했다. 초기의 공사 실태를 당시 일기에 썼던 것을 그대로 옮겨본다.

7월 28일(금),
지독한 더위다. 본부 상황실이라고 프레임을 대고 합판으로 천장을 치기는 했지만, 천막은 천막이라 견딜 수 없이 덥다. 역갱도 공사는 입구에 지지빔을 다섯 개나 세우며 형태를 잡을 때만 해도 곧 갱도가 완성될 것처럼 보였다. 하지만 컴프레서로 폭약 구멍을 뚫고, 다이너마이트로 폭파한 후, 가스와 흙먼지가 다 빠져나가야 인력이 벌흙을 갱차에 실어 밖으로 날라낼 수 있었다. 그다음에는 다시 지지빔을 설치하는 일련의 과정이 반복되었고, 이 작업을 하루에 두 번밖에 진행할 수 없었다. 오늘도 3m를 굴진하여 입구부터 11m

를 파 들어갔다.

암반을 뚫을 때마다 많은 벌흙이 발생했다. 가로세로 2m의 좁은 공간에서 두 사람이 삽으로 갱차에 담아 반출하는 작업에는 시간이 너무 오래 걸렸다. 탄광에서 사용하는 Rocker Shovel이 작업에 효율적이라는 의견이 나왔다. 육군본부에 요청하여 장성 탄광에서 한 대를 지원받아 사용하게 되었다. 덕분에 작업 속도를 다소 높일 수 있었다.

갱도를 뚫는 과정은 단순한 굴착이 아니었다. 천공, 발파, 환기, 벌흙 반출, 지지빔 설치, 갱차 레일 연장, 전력선과 압축 공기 파이프 연장 등의 연속 작업이었다. 이 중 어느 하나라도 빠질 수 없었고, 매번 같은 과정이 반복되었다.

컴프레서와 발전기가 끊임없이 돌아가야 했기 때문에 입구 근처에서는 전화 통화는커녕 대면 대화도 어려웠다. 목소리를 높여야 소통이 가능했으니 신경이 날카로워지는 것은 당연한 일이었다. 또한 장비가 고장 나면 작업이 즉시 중단되었다. 부품이나 공구를 구하려면 현대건설의 중기본부나 장성 탄광까지 직접 가야 했다. 군대처럼 장비와 필수 공구를 항상 함께 운용하는 체계가 민간 건설사에는 정착되지 않은 탓이었다.

1978년 7월 23일 역갱도 입구

갱도 공사가 진척되면서 새로운 문제들이 발생했다. 암질과 배수 그리고 환기 문제였다. 암반이 연약한 곳에서는 지지빔을 촘촘히 세우고, 그 위를 각목이나 1인치 목판으로 덮어야 했다. 또한 천장과의 공간을 나무토막으로 채워 낙반(落盤)을 방지해야 했다. 배수는 지하 수맥을 만나면 배수 작업이 필수적이었다. 이를 위해 걸릴 수밖에 없었다. 갱도가 깊어질수록 환기가 어려워졌고, 10m를 넘어가자 자연환기로는 역부족이었다. 결국 압축 공기를 이용한 강제 환기 시스템을 가동하기 시작했다.

갱도가 점점 깊어질수록 내부 환경을 유지하고 작업의 효율성을 높이기 위한 다양한 설비가 필요했다. 단순히 굴착을 계속하는 것만으로는 안전하고 원활한 작업을 보장할 수 없었기 때문이다.

첫째, 어두운 갱도 내부를 밝히기 위한 조명용 전선이 필수적이었다. 이는 작업자의 시야를 확보하고, 안전사고를 방지하는 중요한 요소였다.

둘째, 외부와의 원활한 소통을 위한 전화선이 설치되었다. 갱도 깊숙이 들어갈수록 지상과의 연락이 어려워졌기 때문에 작업의 지휘와 긴급 상황 대처를 위해 반드시 필요한 장비였다.

셋째, 지하에서 자연스럽게 스며 나오는 지하수를 배출하기 위한 배수펌프용 동력선과 배수관이 갖춰졌다. 갱도 내부에 물이 고이면 작업이 중단될 뿐만 아니라, 붕괴 위험까지 높아지므로 철저한 배수 시스템이 필수적이었다.

넷째, 발파 후 발생하는 암석을 신속히 처리하기 위해 Rocker Shovel 동력용 압축 공기관이 가설되었다. 이는 굴착 속도를 높이고, 갱도 내 공간을 확보하는 데 중요한 역할을 했다.

다섯째, 지하 깊은 곳에서도 신선한 공기를 공급하기 위해 환기

용 압축공기 튜브가 설치되었다. 갱도 내부의 공기가 정체되면 작업자의 건강을 위협할 뿐만 아니라, 가스가 축적될 경우 폭발의 위험도 있었기에 효과적인 환기 시스템이 필수적이었다.

여섯째, 갱도 안에서 채굴된 암석과 장비를 운반하기 위한 갱차 레일이 놓였다.

1978년 7월 31일 역갱도 내

1978년 7월 31일 역갱도 내 벌흙 운반용 갱차

갱도는 천장과 바닥까지 선으로 가득 찼고, 특히 전력선으로 인한 감전 사고를 방지하는 것이 중요한 안전 관리 사항이었다. 공사가 진행될수록 가장 큰 걱정은 우리가 파는 역갱도가 적갱과 정확히 교차할 것인가 하는 점이었다. 만약 적갱을 만나지 못하거나 평면상의 격차가 크다면 공사는 무용지물이 될 수도 있다. 불안한 마음에 사단 포병의 측지반을 불러 측정을 의뢰했다. 그 결과를 받아보니 현대건설의 측량과 높이에서 약 20cm 차이가 있었다. 다행히 문제가 되지 않는 범위였다. 지표면 측지만 하던 측지반으로서는 귀한 경험을 한 것이었다.

역갱 공사가 점차 진척됨에 따라 앞으로 마주할 문제들에 대한 철저한 대비가 필요했다. 예상되는 난관을 미리 분석하고 효과적인 대응책을 마련해야 했다.

첫째, 적갱 내부에 고인 물의 처리 문제였다. 안에는 이미 상당한 양의 물이 고여 있었다. 이를 신속히 퍼내는 것이 우선 과제였고, 동시에 계속해서 유입되는 지하수의 양을 정확히 측정하여 필요한 배수펌프를 확보해야 했다. 만약 배수 시스템이 제대로 구축되지 않으면 작업 공간이 침수되어 공사가 중단될 위험이 있었다.

둘째, 갱도 내부의 유독가스 유무를 철저히 확인해야 했다. 지하 깊은 곳에서는 천연가스가 축적될 가능성이 있으며, 인공적으로 주입된 유독가스가 남아 있을 수도 있었다. 따라서 갱 내부의 공기 성분을 정밀하게 분석하고, 유해가스가 감지될 경우 즉각적인 배출 방안을 마련해야 했다. 청정한 공기를 유지하기 위해 환기 시스템을 강화하고, 작업자들의 안전을 보장할 수 있는 대책도 수립해야 했다.

셋째, 적갱에서 발생할 수 있는 다양한 상황을 예측하고 이에 대비한 병력 운용과 장비 준비가 필요했다. 적갱 내부에서 마주할

돌발 상황에 신속하게 대응하기 위해서는 투입할 병력의 규모와 장비의 종류를 미리 정해야 했다.

대비책을 마련하기 위해 우리 TF(Task Force) 참모진과 현대건설 소속 기술자 등 총 7명은 미군 헬기를 이용해 강원도 철원에 있는 6사단의 땅굴을 방문했다. 실제 땅굴 구조와 작업 환경을 확인하고, 예상되는 문제점과 해결 방안을 보다 구체적으로 검토하기 위해서였다.

사단장과 참모진은 우리를 친절히 안내해 주었고, 우리는 현장을 둘러보며 2시간 30분 동안 많은 것을 보고 배우게 되었다. 6사단이 당시 적갱을 확보하는 과정에서 7명의 희생자가 발생했던 사실을 전해 들었다. 이는 적갱 내부에 기름을 부어 폭파시킨 후, 유독가스가 완전히 제거되기 전에 병력을 투입하면서 질식사한 사고였다. 참으로 안타까운 일이었다.

귀로(歸路)에 나는 스스로 다짐했다.

'적과의 교전이 아닌 이상, 우리 병력의 희생은 절대 있어서는 안 된다.'

이런 상황에서 책임을 회피하는 상관들의 무책임한 지시나 독촉이 있다면 내 선에서 반드시 막을 것이다. 나는 말로만 한몫 보는 사람을 싫어하는 사람이 아니던가!

적갱의 상태를 확인할 방법은 당시로서는 미 8군 TNT가 뚫어 놓은 C-27공과 C-28공 두 개뿐이었다. 적갱 내부의 물을 퍼내는 작업 또한 두 개의 구멍을 통해 진행해야 했다. 그렇기 때문에 기존 직경 4인치였던 시추공을 더욱 확장할 필요가 있었다. 현장에서 시추 작업을 수행할 장비는 미군의 것이 유일했다. TNT의 현지 반장 Schwarkie 소령에게 협조를 요청했다. 자주 현장을 방문하던 한미 1군단장 Ross 중장에게도 필요성을 건의했다.

그들은 이에 동의했고, 곧바로 작업이 시작되어 약 2주 만에 두 개의 구멍이 직경 8인치로 확장되었다. 구멍의 바닥에는 깊이 1피트(약 30cm) 정도의 홈을 새로 팠다. 이는 긴 원통형 심정(深井)펌프의 흡입부가 펌프 하단에서 1피트 정도 위에 있고, 갱 안의 물을 완전히 제거하려면 흡입부가 갱도 바닥과 같은 높이에 있어야 하기 때문이었다. 정말 고마운 조치였다.

관통 시점이 가까워지면서 배수와 환기 문제가 더욱 중요하게 떠올랐다. 우선 배수 문제부터 해결해야 했다. 직경이 확장된 C-27공과 C-28공을 활용하였다. 하나는 배수용, 다른 하나는 수위 측정용으로 사용하기로 하고, TNT와 공동 작업을 시작했다. TNT는 심정펌프와 수위 측정기를 가동하고, 배수 도관을 설치했다. 우리는 천막을 설치하고, 전용 발전기를 가동하면서 배수량과 수위 변화를 기록했다. 육군본부 26위원회에서는 전문가의 조언을 구하기 위해 농업진흥공사의 지하수 과장 양재만(梁在晩) 씨를 현장에 초청했다.

그는 현장 점검 후, 갱도 안의 물이 지하수일 가능성이 높으며, 적이 외부 소하천에서 물을 끌어들이지는 않았을 것이라고 평가했다. 이는 적이 땅굴로 하천수를 유입시킨 것이 아니라면, 배수 작업이 성공적으로 이루어질 가능성이 크다는 뜻이었다. 이 말에 한시름 놓았다.

그가 알려준 또 하나의 중요한 정보는 "지하수는 깊이 내려갈수록 더 많아진다."라는 사실이었다. 그는 브이노치(V의 치(値)) 배수량 측정 장비를 제공하며 배수량을 정밀하게 측정할 것을 권고했다. 그의 조언 덕분에 배수 작업에 대한 확신이 생겼다. 보다 철저한 확인을 위해 배수한 물을 26위원회를 통해 수질 검사에 부쳤다. 만약 하천수였다면 미생물이나 수초 등의 흔적이 남아 있을 것이었다. 검사 결과, 배수된 물은 순수한 지하수였다. 음용수로도 문제가 없다고 했다. 참으로 다행스러운 일이었다.

10월 2일의 진중일기 일부를 그대로 옮긴다.

9월 28일, 35톤/hr. 양정고(揚程高) 100m의 수직펌프로 제2차 배수 시험을 시작하여 10월 2일까지 주야로 계속 배수를 하고 있는데도 수위는 지표면에서 71.7m까지 내려간 후 더 이상 내려가지 않았다. 현재 배수량은 'V의 치' 측정기로 25톤/hr로 계산되었으며, 결국 이 수직펌프 한 대만으로는 배수 한계점에 도달했음을 확인했다. 따라서 추가적인 배수구가 필요하며, 최소 2대의 펌프를 동시에 가동해야 갱도 안의 물을 완전히 퍼낼 수 있을 것으로 판단되었다. 또한, C-27공에서 갱 바닥까지의 깊이가 72.9m이므로, 여전히 1.2m가 물에 잠겨 있는 상태다. 이는 곧 적갱 내로 유입되는 지하수의 양이 시간당 25톤이라는 결론을 내렸다.

배수 작업이 진행되는 동안에 미 8군 TNT는 적갱 축선상에 추가 배수용 구멍을 하나 더 뚫는 작업을 진행했다. 깊이 76m까지 내려갔음에도 적갱과 교차하지 못했다. 결국 작업을 중단했다. 편차 시험을 실시한 결과 편차가 5도 발생했다. 73m 깊이에서 3.6m 빗나간 것으로 나타났다. 우리 역갱 공사의 기준점이었던 C-27공도 편차 시험을 진행한 결과는 북쪽으로 1.5도 정도의 오차가 생겨 바닥에서 2m 정도 빗나간 것으로 확인되었다. 이 문제를 해결하기 위해 적갱과의 교차 지점을 북쪽으로 2m 이동하기로 했다. 이에 따라 역갱의 길이도 기존 278m에서 280m로 변경되었다.

이제 땅굴 관통을 눈앞에 두고 있었다. 그동안의 노력과 수많은 시행착오를 거쳐 우리는 적의 땅굴과 정확히 교차하는 위치를 찾아냈다. 배수 문제는 해결되었고, 적갱 내부의 지하수 유입량도 파악되었다. 공사 중 발생한 측량 오차도 수정하여, 목표한 지점을 정확히 향해 나아갈 수 있는 기반이 마련되었다. 그러나 아직 남아 있는 문제들이 있었다.

-적갱 내부에 유독가스가 존재하는가?
-적의 방해 공작이 있을 가능성은 없는가?
-최종 관통 시, 안전한 진입을 위한 대비책은 충분한가?

다음은 가스 문제였다. 3년 전 제2땅굴 소탕 작전에서 발생한 안타까운 희생은 가스 때문이었다. 따라서 이번에는 적갱에 들어가기 전 반드시 안전을 확보해야 했다. 그러나 사단의 자체적인 역량만으로는 적갱 내 공기 상태를 점검할 수 있는 장비나 인력이 없었다. 이에 다시 한번 미 8군 TNT의 Schwarkie 소령에게 도움을 요청했다. 이틀 후 미 8군에서 의무병과 소속의 대위가 파견되었다. 하지만 언어 소통이 어려웠고, 현지에서 도움 받기보다는 덕정에 있는 57야전병원에서 가스 탐지반을 편성하고 있으니 그들을 도와주도록 주선했다.

　한편 역갱도가 200m를 넘어서면서 갱 안의 공기 상태는 더욱 나빠졌다. 강제 환기를 해도 막장까지 내려갔다 오면 숨이 턱턱 막히고 온몸이 땀으로 젖을 정도였다. 적갱에 들어가는 것은 단순한 갱도 탐사가 아니라 엄연한 접적(接敵) 행위였다.

　비록 적군이 갱도 안에 남아 있지 않더라도 예상치 못한 장애물이나 위험 요소가 도사리고 있을 가능성이 컸다. 철저한 대비가 필요했다. 사단 수색대대의 2개 소대가 특공대로 지정되었다. 전투 목적이 아니라 순전히 탐색과 확보 임무를 수행할 부대다.

　적의 흔적을 찾고 갱도를 확보하는 것이 주 임무였다. 특공대원들에게는 기본 전투 장비 외에도 특수한 장비들이 추가로 지급되었다. 광부용 랜턴은 어둠이 짙은 갱도에서 시야를 확보하기 위해 필수적인 장비였다. 고무장갑과 고무장화는 갱도 안 침수된 구간을 통과할 때 감전 사고 방지를 위해 지급되었다. 방독면은 갱도 내부의 유독가스에 대비하기 위해 반드시 필요했다. 탐침봉은 바닥이나 벽면의 구조적 위험 요소를 확인하고, 붕괴 가능성을 점검하는 데 사용되었다. 가스 탐지기는 갱도 내부에 축적된 유해가스를 신속히 감지하여 안전을 확보하기 위한 장비였다. 유선 전화기는 무선통신이 원활하지 않은 지하 환경에서 신속한 연락을 유지하기 위해 필수로 챙겨야 했다.

장비들을 갖추고 갱도 내 활동 및 안전 교육도 철저하게 이루어졌다. 어떠한 상황에서도 안전을 최우선으로 중시했던 나는 작전을 수행하는 대원들에게 반복해서 강조했다.

"적과 교전하는 것이 아니라 탐색하고 확보하는 것이 임무다. 하루에 10m만 전진해도 충분하다. 반드시 100% 안전을 확보한 후에만 나아가라."

갱도 탐색은 속도가 아니라 안전 확보가 핵심이었다. 조금이라도 위험 요소가 감지되면 즉시 정지하고 대책을 마련한 후 움직여야 한다. 관통을 앞둔 공사와 작전 활동은 신중하게 실행되었다.

10월 14일, 역갱의 길이는 277m에 도달했다. 설계상으로 관통까지 단 3m만을 남겨둔 상태였다. 이날, 미 8군 TNT가 C-27공을 통해 가스 측정을 실시했다. 인공가스는 없었으며 소량의 메탄가스가 탐지되었지만 유해할 정도는 아니라는 결과가 나왔다. 탐사가 끝나자 곧바로 마지막 발파를 위한 준비가 시작되었다.

10월 15일, 마지막 천공 작업이 이루어졌다. 관통 직전의 중요한 단계였다. 관통 후의 안전을 확보하기 위해 C-27공을 통해 다이너마이트 60파운드를 넣어 폭파시켰다. 지상에서는 폭음이나 진동이 거의 감지되지 않았지만 갱도 내부에서는 모든 것이 예민하게 반응했다.

폭파 1시간 후, 막장으로 들어가 확인해 보니 적갱 쪽에서 우리 막장 바닥으로 약 5cm 정도의 작은 구멍이 뚫려 있었고, 그곳을 통해 물이 흘러들어오고 있었다. 설계상 남은 거리는 3m였으나 실제로는 더 짧을 가능성이 높았다. 우리 역갱의 바닥이 적갱보다 다소 낮다는 점도 확인되었다. 폭파 이후 갱도 안으로 유입되는 물의 양이 급격히 증가하여 즉각적인 배수 작업이 필요했다.

우리는 C-27공과 C-45공에 설치된 수직펌프 2대를 24시간 내내 가동하여 배수를 진행했다. 쉴 틈 없는 작업 끝에 마침내 10월 16일 오전, 마지막 발파를 준비할 상태가 되었다.

이제 하나 남은 것은 최종 관통이었다. 숨 막히는 긴장감이 일었다. 모든 인력과 장비가 관통의 순간을 맞이할 준비를 끝마쳐 가고 있었다.

최종 발파에는 다이너마이트 100파운드가 사용되었다. 10개의 발파공에 장전한 후, 발파 스위치는 십장(什長) 김 씨가 누르기로 했다. 공사장의 풍습에 따라 나는 공사 발주자로서 십장에게 노고를 치하하며 10만 원을 건넸다. 이후, 현장 책임자들과 함께 기념사진을 촬영한 후 최종 발파를 실시했다.

폭파의 순간, 역갱 내부에서 직접 맞닥뜨린 폭음과 폭풍은 엄청났다. 입구 가까이에서도 발파 충격은 강렬했다. 막장에 있던 10마력 펌프 2대는 낙반으로 인해 전선이 끊어져 고장 나 버렸다. 긴급히 준비해 둔 20마력 펌프 1대를 투입해 배수를 시도했지만 물이 점점 차오르면서 전선과 장비들을 걷어 올린 채 후퇴할 수밖에 없는 상황이 벌어졌다. 물은 순식간에 역갱 250m 지점까지 차올랐다.

배수 작업은 야간까지 계속되었다. 긴급한 대책으로 현대건설에서는 20마력 펌프 2대를 추가로 투입했다. 한미 1군단에서는 소방용 호스 1,000피트를 지원해 주었다. 미 8군 TNT에서는 10마력 심정펌프 1대를 추가로 투입했다. 펌프를 가동해도 기존의 배수관과 소방호스 한 줄로는 역부족이었다. 결국 3군에서 긴급 수송된 3인치 강관(鋼管)을 밤새워 용접하여 추가 배수관을 설치해야 했다.

펌프 3대가 동시 가동된 끝에 겨우 물을 잡을 수 있었다. 역갱은 3개의 배수관과 환기 튜브, 전력선 등으로 꽉 찼고, 습도는 높을 정도를 넘어 물바다와 같아 감전사고의 위험에 신경은 더 날카로워졌다. 그렇게 관통한 첫날 밤은 물난리로 갱도 안팎을 오가며 뜬눈으로 지새우게 되었다.

# 적갱에서 알게된 여러 가지 사실

 밤새 진행된 배수 작업 덕분에 다음 날 역갱 막장이 다시 모습을 드러냈다. 전선과 배수관을 복구한 후, C-28공을 통해 적갱 내부의 가스 검사를 실시했다. 다행히 유해가스는 검출되지 않았다. 10월 17일 오전 10시 30분, 최초의 특공조 6명이 적갱으로 투입되었다. 뒤를 이어 우리 TF의 공사장교 박성용 소령과 기능공 1명, 사진병 2명이 함께 갔다.

 탐색 방식은 철저했다. 한 발짝 나아갈 때마다 탐침봉으로 바닥을 찔러 확인했다. 광부용 랜턴으로 벽과 천장을 비추어 점검했다. 20m 이동하는 데만 1시간 30분이 소요되었다. 탁 소령의 임무는 적갱의 구조를 세밀히 분석하고 남침용 땅굴임을 입증할 증거를 확보하는 것이었다. 그는 갱도의 폭과 높이, 벽면의 발파 흔적, 레일과 침목 상태 등을 면밀히 조사하며 공사 중단 시기를 추정할 수 있는 단서들을 기록했다.

 적갱의 규모는 예측한 대로 폭과 높이는 각각 2m였다. 게다가 관통점에서 약 20m 더 남쪽으로 뻗어 있었다. 탐색 결과는 즉시 상부에 보고되었다. 나는 제2차 특공조 투입 시에 함께 들어갔다. 갱 외부에서 긴 전선을 연결해 큰 전등을 밝히고 탐색을 시작

1978.10.14 8군 TNT 적갱 내부의 가스 탐지

했다. 그러다 잠시 전등을 꺼 보았다. 그 순간, 한 번도 경험해 본 적 없는 완전한 어둠이 펼쳐졌다. 숨소리조차 삼켜질 듯한 암흑이었다.

나는 벽면의 발파 흔적과 갱차 운행의 흔적, 바닥의 토질과 배수로 상태를 하나하나 확인하고 사진을 찍자 하며 20m까지는 안심하고 들어갔다. C-27공과 C-28공을 통해 내려와 있던 심정펌프를 보았을 때, 적지에서 아군을 만난 것처럼 반가웠다.

나는 궁금한 것이 많았다.

첫째, 우리 역갱과 적 갱도가 교차하는 지점의 상태를 확인해 우리 공사의 정확도를 평가하고,

둘째, 1978년 6월 10일 최초 폭발이 있었던 C-25공의 상태와 폭발 원인을 규명하며,

셋째, 북한의 땅굴 공사 방식과 공사 중단 시기를 판단하고,

넷째, 북한이 이 땅굴을 판 군사적 의도를 분석하고 평가하는 것이다.

결론부터 말하면 우리의 역갱 공사는 매우 정확했다. 현대건설의 시공 능력과 우리 포병 측지반의 측량 능력은 예상보다 훨씬 뛰어났다. 현장에서 직접 확인한 결과, 우리 역갱의 바닥이 적갱보다 약 30cm 낮았다. 이에 따라 천장을 더 깎아 높이를 맞추고, 깎아낸 흙으로 바닥을 메워 동일한 평면을 만드는 작업이 필요했다. 이러한 사소한 차이를 제외하면 전반적인 굴착 방향과 깊이, 구조적 정밀성에서 우리는 매우 높은 수준의 공사 정확도를 보여주었다.

C-25공은 적갱의 벽면에서 약 1m 정도 안쪽으로 뚫려 있었다. 즉 시추 당시 완전히 빗나간 구멍이었다. 다른 시추공과 마찬가지로 4인치 PVC 보호관을 박아둔 채 방치되어 있었다. 그러나

이 지점은 북한이 공사를 끝낸 막장과 불과 20m밖에 떨어져 있지 않았다. 시간이 지나면서 지하수가 점점 증가했다. 갱 안의 공기가 압축되면서 C-25공의 미세한 균열을 통해 압축공기가 폭발적으로 뚫고 나가면서 물이 분출된 것으로 판단되었다. C-25공 인근의 암벽은 심하게 부서져 있었지만 폭약의 흔적은 전혀 없었고, 6월 10일 새벽, 지상에 솟구쳐 나온 것은 물과 함께 PVC 조각이었다. 이 판단을 공개적으로 밝히지 않았다. 상급 기관에서 어떤 공식 발표를 할지 지켜볼 뿐이었다. 역사는 때때로 사실보다 해석이 중요한 순간이 있다. 돌이켜 보면 1978년 6월 10일은 1사단장 전두환 소장에게는 행운의 날이었다. 그날의 폭발과 물 분출은 결국 남침용 땅굴의 존재를 세상에 알리는 계기가 되었다.

땅굴이 관통된 후, 현장은 더욱 분주해졌다. 상급 사령부 지휘관과 참모들의 방문이 끊이지 않았다. 그때마다 나는 적갱까지 그들을 안내하며 상세히 설명하는 역할을 맡아야 했다. 무엇보다 중요한 과업은 배수 작업과 특공조의 적갱 소탕 작전이었다. 당시 다섯 대의 배수펌프가 가동 중이었다. 심정펌프 세 대는 적갱 위의 세 개 수직공에서, 석션펌프 두 대는 역갱 막장에서 배수를 담당했다. 펌프들이 정상적으로 작동하면 갱 안에 고여 있는 물뿐만 아니라 시간당 25톤씩 새로 유입되는 물까지도 서너 시간이면 퍼낼 수 있었다.

 문제는 펌프의 가동 상태였다. 자주 고장나고, 정비 능력은 턱없이 부족했다. 사단 공병 기능공들이 있었지만 기술 수준이 미흡했다. 현대건설 측은 작업이 끝났다며 별다른 관심을 보이지 않았다. 결국 급할 때 도움을 받을 수 있는 곳은 8군 TNT에서 심정펌프 한 대를 운용하는 한국인 기능공뿐이었다. 어떤 날은 펌프 네 대가 모두 멈춰 미군 펌프 한 대만으로 간신히 수위를 유지해야 했던 적도 있었다. 배수가 멈추면 갱 내 철수 소동은 이루 말할 수 없었다.

1978년 10월 17일 발파 후 역갱 내 차오르는 물을 야간까지 배수 작업

1978년 10월 17일 제2차 특공조와 함께 들어감

앞에서 언급했기에 반복하지 않겠다. 가장 고통스럽고 긴박했던 순간을 떠올리라면 단연 물과의 싸움이었다. 현대건설 근로자들은 자신들의 작업이 끝났으니 철수하겠다고 했지만 상급 사령부에서는 막았다. 땅굴 발견이 공식 발표되기 전까지는 보안상 그들을 풀어줄 수 없다는 입장이었다. 현장 출입 통제가 더욱 강화되어 현대건설 근로자들은 취사장에 식자재 반입이 제한되어 끼니를 해결할 방법조차 없게 되었다. 나는 미군 측과 협의하여 JSA(판문점 공동경비구역) 내 한인 식당에서 식사를 해결할 수 있도록 조치했다.

땅굴 발견 공식 발표까지 현대건설 근로자들을 무한정 대기시킬 수도 없는 상황이었다. 다각적인 해결책을 마련하여 마침내 그들이 철수하는 날이 왔다. 전원이 모인 자리에서 나는 그동안 노고를 위로하고 감사의 인사를 전했다.

"여러분은 단순한 임금 근로자가 아니다. 진실로 국가에 충성한 애국자들입니다."

이 말을 듣고 그들의 얼굴에 번진 자부심을 나는 잊을 수 없다. 관통 다섯째 날, Vessey UN 군사령관, 정전위 UN 수석대표 Ham 미 해군 소장을 비롯한 일행이 적갱 내부까지 직접 들어가 확인하고 돌아갔다. 이로써 Vessey 대장은 북한이 판문점 지역에 조성한 제3땅굴을 직접 방문한 최초의 4성 장군이 되었다.

적갱에 들어가기 전에 나는 네 가지 의문을 품고 있었다. 앞서 두 가지는 확인했으니 이제 남은 두 가지에 대해 알아보겠다.

첫째, 북한의 땅굴 공사다.

갱도 바닥에는 갱차 레일의 침목이 듬성듬성 있었으나 레일 자체는 한 토막도 남아 있지 않았다. 침목은 오랜 기간 물에 잠겨 있던 탓인지 불어 있었고, 표면이 물렁물렁해지며 미끈거리는 느낌이 들었다. 벽면 곳곳에는 검게 그을린 폭약 흔적이 남아 있었고,

손으로 만지면 검댕이 묻어나왔다.

　천장에는 발파공이 적의 막장을 향해 다수 뚫려 있었으며, 바닥 양쪽으로는 폭 15cm 정도의 얕은 배수로가 자리 잡고 있었다. 유심히 살펴보니 물은 북한 측 입구 방향으로 흘러가고 있었다. 적갱으로 약 200m 들어간 곳에는 거대한 낙반(落磐)이 발생하여 엄청난 양의 토사가 갱도를 막고 있었다. 그곳을 간신히 헤치고 들어가 보니 천장은 전등을 비춰도 끝이 보이지 않을 만큼 높았다. 낙반은 적이 철수한 후에 생겼을 것으로 판단되었다. 그 현상은 우리가 배수하기 전까지 오랫동안 물에 잠겨 있다가 처음으로 모습을 드러낸 적갱의 모습이었다.

　모든 정황으로 보아 내가 내린 결론은 적의 공법은 우리가 파고 들어간 공법과 거의 같다는 점이었다. 발견된 땅굴은 최소 2년 전에 공사가 중단된 것으로 보였다. 적갱 200m 정도 들어간 곳에 생긴 엄청난 낙반으로 쌓인 흙을 1인용 작은 손수레를 수십 개 만들어 인력으로 관통점까지 운반하고, 그곳에서 갱차에 실어 윈치(Winch)로 끌어올리는 방식으로 걷어냈다. 이 과정에서 토사가 곳곳에 흘러내려 쌓이다 보니 갱도 바닥이 약 10cm 정도 높아졌다. 그로 인해 지금도 키가 큰 사람은 갱도를 드나들 때 머리를 숙여야 한다.

둘째, 북한이 땅굴을 판 의도다.

이 땅굴은 군사분계선을 기준으로 북방으로 약 1,200m 되는 곳을 입구로 하여 직선으로 파고 내려왔다. 남쪽으로는 435m 들어가서 멎었다. 그들의 굴진 길이가 약 1,650m로 보기면 1일 3m의 굴진 속도로 550일이 소요된다. 약 2년 동안의 공사 결과다.

적의 땅굴이 계획대로 완성되면 그들은 아군 GOP선 직후방으로 박격포와 연대 직사포 정도로 무장한 보병부대를 기습적으로 진출시킬 수 있을 것이다. 그 규모는 그들이 원하는 대로 할 수 있을 것이다. 이렇게 된다면 아군은 작전 계획의 차질르 인한 큰 혼란을 피할 수 없을 것이다.

이러한 문제들을 구체적으로 검토하는 일은 현역 군인의 몫이다. 적의 의도로 하나 더 거론하고 싶은 것은 최고 권력자의 군부 통제책 중 하나일 수 있다는 것이다. 그것도 극히 적은 비용으로! 한가한 군대는 최고 권력자에게 위험한 존재가 될 수 있기 때문이다.

판문점 땅굴 발견은 1978년 10월 27일 UN군 사령부에서 발표했다. 그 후 현장이 공개되고 많은 사람들이 다녀갔다. 수많은 방문객 중 기억에 남는 한 가지를 소개하겠다. 일본 후지(富士) TV의 취재팀이다. 일행 4명 중 리더 격인 기자가 나에게 물었다. "이 땅굴을 북한에서는 남쪽에서 북침용으로 판 것이라고 하는데 북한에서 판 것임을 나에게 증명해 줄 수 있겠는가?" 하고. '옳다, 잘되었다' 싶었다. 탄광이든 어디든 지하에서 공사를 하면 지하수맥을 만나게 되고 지하수가 나온다. 갱도를 파 나가는데 지하수가 굴진 방향으로 앞으로 모이는 것이 좋은지 뒤로 흘러가게 하는 것이 좋은지 물었다.

"물이 공사장에 고여 있으면 작업을 할 수 없지 않은가. 그야 뒤로 흘러 나가야지요."

그가 대답했다.

"자, 그러면 우리 현장으로 가서 확인해봅시다!"

나는 그를 적갱으로 안내해 내려갔다. 공사장교 박 소령에게 컴퍼스를 갖고 함께 가자고 했다. 바닥의 양쪽에 나 있는 작은 배수로에서 물이 흐르는 방향을 알게 하고, 그 옆에 컴퍼스를 놓고 물 흐름을 보게 했다. 1,000분의 3의 구배로 물은 멈추지 않고 흐르고 있었다. 기자는 눈을 크게 뜨고 외쳤다.

"와카리마시다!(이해했습니다!)"

놀라움과 확신이 그의 얼굴에 함께 나타났다.

나는 천공 후 폭약이 장전된 발파공의 방향도 가리켰다. 그것은 땅굴이 북한에서 남쪽으로 파 들어온 것이라는 사실을 다시 한 번

강조하기 위해서였다. 현장에 존재하는 모든 물리적 증거는 북한의 주장과는 정반대의 진실을 보여주고 있었다.

많은 이들이 땅굴을 방문하는 동안에도 우리의 소탕 작전은 계속되었다. 북한의 기습이나 방해에 대비한 경계 작전, 군사분계선까지의 소탕 및 확보, 갱도 내 배수와 안전 확보 작업이 지속적으로 이어졌다. 군사분계선에 도달한 후 우리는 모래주머니로 벙커를 만들고 경계병 4명을 배치해 24시간 교대로 근무하게 했다. 하지만 이런 상태를 계속 유지할 수는 없었기에 결국 두께 2미터의 철근 콘크리트 장벽을 북한과의 경계선에 설치한 뒤에야 경계 병력을 철수할 수 있었다.

북한은 지금도 땅굴을 파고 있을까?

이 질문에 답하기 위해 정치적, 군사적 시각도 중요하지만 나는 기술적인 측면에 주목하고 싶다. 땅굴 굴착에서 가장 핵심이 되는 요소는 배수, 환기, 보안이다. 이 세 가지 조건을 기준으로 본다면 지금도 북한이 땅굴을 파고 있는지를 가늠할 수 있을 것이다.

내가 직접 경험한 판문점 제3땅굴 작전은 그 자체로 이 질문에 대한 답이 될 수도 있다. 120일간 이어진 작전은 극한의 환경 속에서 수행되었으며 단순한 군사적 대응을 넘어 기술적이고 전략적인 관점에서도 깊은 통찰을 남겼다.

1978년 10월 18일 적갱에서 뒤돌아본 관통점 상태(左:적갱 막장, 右: 아군 역갱)

　지금도 다시 만나 진심으로 감사 인사를 전하고 싶은 분들이 있다. ㈜현대건설 박동만 이사, 농업진흥공사 지하수과 양재만 과장, 미 8군 TNT장 Acherman 중령, 현지 책임자 Schwarkie 소령, 낙동강 특수임무부대 공사 장교 박성용 소령. 그 이름을 하나 하나 떠올릴 때마다 깊은 신뢰와 따뜻한 인연이 가슴을 적신다.

　미비한 생활 환경과 열악한 조건 속에서 120일간의 고된 임무를 수행하며, 단 한 명의 희생자도 없이 현장 책임자로서의 책무를 완수한 것을 자랑스럽게 생각한다. 또한 함께 고생한 동료들의 노고를 높이 평가하며, 순수한 마음으로 땅굴 작전을 도와주신 모든 분들께 진심으로 감사한다.

# 2부_ 절기 따라 가보자

# 입춘절 _ 절기 따라 가보자

 나이가 들고 활동할 일이 줄어드니 자연스럽게 집에 머무르는 시간이 많아졌다. 외출이라야 고작 뒷산을 오르는 정도다 보니 하루하루의 날씨 변화에 민감해졌다. 특히 겨우내 눈과 찬바람을 견뎌 낸 초목들이 서서히 생기를 되찾는 모습을 보며 자연의 생명력을 실감하게 된다. 아주 작은 변화도 눈에 들어온다.
 얼마 전, 친구에게서 입춘(立春)을 알리는 시화(詩畵) 영상을 카카오톡으로 받았다. 그 영상을 보고 있자니 문득 세월이 흐르고 있음을 새삼 깨닫게 되었다. 절기(節氣)에 관심이 쏠리며, 자연의 시간표를 따라 한 해를 보내보고 싶다는 생각이 들었다. 내가 사는 광교산 자락의 산천초목과 더불어 절기의 흐름을 따라가 보면 어떨까.

한 해의 첫 절기인 입춘절(立春節)을 맞이해 절기 따라가는 인생여행 첫걸음을 딛는다. 2024년 입춘은 2월 4일이구나. 설날보다 6일 먼저 찾아왔네. 그러고 보니 입춘을 한 해의 시작으로 여긴다 해도 틀린 생각은 아니겠구나.

불현듯 담양 출신 이준형 시인의 칠언절구(七言絶句)가 떠오른다. 그는 입춘을 어떻게 노래했을까? 책장에서 시집을 꺼내 펼쳐 본다.

입춘절음(立春節吟)

四時造化依靑天(사시조화의청천): 사계절의 조화는 하늘의 뜻을 따르고
人意變遷因世緣(인의변천인세연): 인심의 변화는 세상의 인연에 따른다
國泰民安是所願(국태민안시소원): 나라가 태평하고 백성이 편안하기를 바라고
立春多吉祈豊年(입춘다길기풍년): 입춘을 맞아 풍년과 행복을 기원하노라

입춘을 맞아 한 해의 안녕과 풍요를 기원하는 마음이 절절히 담긴 시이다. 예부터 우리는 입춘을 단순한 계절의 변화가 아니라 새로운 시작으로 여겨 왔다.

불과 반세기 전까지만 해도 가정집이나 가게 출입문에는 立春大吉(입춘대길)과 建陽多慶(건양다경) 같은 立春榜(입춘방)을 붙였

다. 입춘대길은 "입춘을 맞아 큰 복이 깃들기를" 바라는 뜻이고, 건양다경은 "밝은 기운이 가득하여 경사가 많기를" 기원하는 의미다.

궁궐에서도 이맘때면 신하들이 국왕께 축시(祝詩)를 올렸고, 그중 좋은 시를 연꽃무늬가 새겨진 종이에 적어 기둥과 난간에 붙였다고 한다.

입춘과 관련된 속담 중에는 "입춘방 거꾸로 붙였나?"라는 말이 있다. 이는 입춘이 지나도 날씨가 계속해서 몹시 추울 때 우스갯소리로 하는 말이다. 따뜻한 봄을 기대했는데 매서운 바람이 몰아칠 때면 마치 봄을 부르는 입춘방이 거꾸로 붙어 제 역할을 하지 못하는 것처럼 느껴진다.

입춘은 단순한 절기가 아니라 한 해의 시작을 알리는 중요한 순간이다. 절기의 흐름을 따라가며 자연의 리듬에 맞춰 살아가는 것이야말로 세월의 변화를 온전히 받아들이는 지혜로운 태도가 아닐까.

## 우수절 _ 물이 곧 생명이구나

우수절(雨水節)이다. 올해는 2월 19일이네.

제주에 사는 친구에게 짧은 글을 카카오톡 메시지로 보냈다.

"우수, 지금 우수를 실감하고 있어요. 지금 시간 오후 4시, 뒷산에 올라와 보니 삼라만상이 봄비에 젖어 촉촉하게 가라앉았고, 오가는 사람도 드물어 고요하기만 합니다. 시상이 떠오를 듯 말 듯, 감정도 몸처럼 늙었나 봅니다."

곧 답장이 왔다.

"봄비에 촉촉이 젖은 뒷산에 올라 잠시라도 시상에 잠길 수 있음은 몸도 느낌도 아직 늙지 않았다는 증거입니다. 축하드립니다."

세상은 물에서 비롯되나 보다. 땅이 얼음을 풀고 뭇 생명이 소생하도록 비를 내리니 천지가 꿈틀거리기 시작하는 것 같다.

우수절, 이맘때가 보리밟기를 할 때다.

지난해 한로절(寒露節) 즈음에 가을걷이를 끝낸 땅에 씨앗을 뿌려 키운 보리는 긴 겨울을 지나면서 서서히 자란다. 그러다 이맘때쯤 얼어 있던 땅이 풀리기 시작하면 새순을 내민다. 이때 보리밭을 밟아 숨구멍을 막아 주면 싹이 웃자라지지 않고 흙이 뿌리를 눌러 준다. 뿌리가 더욱 단단하게 내려 보리가 튼튼하게 자란다.

초등학생이던 시절(일제강점기), 학교에서 단체로 '보리밟기'에 나갔던 기억이 난다. 오늘날 우리의 식생활 문화도 많이 변해 보리밥이 흔치 않다. 약 반세기 전까지만 해도 보리는 우리의 주식이자 소중한 식량이었다.

또 장을 담그는 때이다.

지난해 대설절(大雪節) 무렵에 쑤어 말린 메주를 큰 장독에 넣고 소금물을 부은 뒤, 고추와 참숯을 띄워 발효시킨다. 얼추 한 달 반 지나 청명절(淸明節) 즈음에 된장과 간장으로 가른다.

우수절에 장을 담그는 것과 초겨울에 김장하기는 여전히 우리 민족 식문화의 중요한 부분을 차지한다. 절기를 따라 흐르는 자연의 이치 속에서 우리 삶도 그 속도를 맞춰가며 이어지는 것 아닐까.

# 경칩절 _ 깨어나는 생명의 시기

절기를 다룬 책을 보면 경칩(驚蟄)을 흔히 "개구리가 깨어나는 날"이라 표현한다. 겨울잠을 자던 개구리와 벌레들이 땅 위로 모습을 드러내는 시기로, 본격적인 봄의 문턱에 들어섰다는 걸 알리는 때다.

24절기 문화권에 속하는 일본에서도 경칩은 중요한 의미를 지닌다. 일본은 농경문화를 기반으로 한자 문화를 공유했던 만큼 과거 음력을 사용하며 형성된 풍속이 절기와 깊이 연결되어 있다.

일본의 자유국민사에서 2008년에 발행한 『12개월의 정해진 일 세시기(歲時記)』는 일본의 농사와 문화, 풍속을 절기에 맞춰 정리한 책으로, 일본에서 절기가 생활에 어떤 영향을 미쳤는지를 흥미롭게 보여준다. 이 책은 1년을 12개의 장으로 나누고, 각 장을 한 달 단위로 구성하여 절기와 명절, 농사일, 축일과 행사, 음식, 계절의 변화, 놀이, 의복 등 다양한 요소를 세부적으로 설명하고 있다. 또한 절마다 해야 할 농사일과 관련 풍습, 의미 등을 상세히 기술하여 전통문화의 흐름을 체계적으로 정리했다. 한마디로 일본 민속의 백과사전이라 할 수 있다.

흥미로운 점은 일본에서도 대부분의 절기 명칭이 우리와 같지만 '경칩'만은 '계칩(啓蟄)'이라는 이름을 사용한다는 것이다. 경칩이 "놀라서 동면에서 깨어나는" 의미라면, 계칩은 "열리고 동면에서 깨어나는" 뜻을 가진다. 표현은 다르지만 본질은 자연의 움직임을 깨우는 데 있다.

우리나라 역시 농경민족으로 살아온 만큼 절기를 중심으로 한 풍속과 문화가 많았을 것이다. 일본처럼 절기 중심의 전통문화를 정리한 체계적인 자료가 있을 법한데, 나만 못 찾았는지 몰라도 아직까지 흡족하게 정리한 책은 만나지 못했다.

경칩과 관련된 속담에는 "경칩에 개구리가 놀란다", "경칩에 삼라만상이 깨어난다", "경칩 지난 게로군" 등이 있다. 평소 말수가 적은 사람이 어느 날 갑자기 수다스러워지면 "겨울잠에서 깬 개구리 같다"고도 한다. 빈정거릴 때 쓰는 말이긴 하지만 자연이 눈을 뜨는 시기에 사람들의 마음과 몸도 함께 깨어나는 듯하다.

경칩은 단지 절기 하나를 지나치는 날이 아니다. 긴 침묵을 깨고 다시 움직이는 생명의 계절이다. 잠들었던 것들이 깨어나고, 정체된 것들이 흐르기 시작한다.

봄은 그렇게 온다. 아무 말 없이, 조용히 땅속을 두드리며.

# 춘분절 _ 만물이 소생하다

 개나리는 벌써 피어 있다. 춘분(春分)은 낮과 밤의 길이가 같아지는 시점으로, 이후부터 낮이 점점 길어진다. 강남 갔던 제비가 돌아오는 시기라는 말도 있다. 올해 춘분은 양력으로 3월 20일, 음력으로는 2월 11일이다.
 아파트 단지 안의 조경수들도 움을 틔우기 시작했다. 가까이 다가가 살펴보면 겨우내 보았던 나무들과는 전혀 다른 생기가 느껴진다. 시골에서 농사를 짓고 산다면 봄의 변화를 더욱 풍부하게 체감할 수 있겠지만 도시에서 사는 사람들은 자연의 변화를 쉽게 놓치고 만다. 다행히 나는 경기 남부의 광교산 자락에 살고 있어서 들꽃과 관목들, 울창한 소나무 숲을 가까이 두고 자연과 교감할 수 있다.

만물이 소생하는 시기, 봄이 무르익어 간다. 여전히 나의 산행 시간은 지난겨울과 다름없이 따뜻한 오후 3시경이다. 춘분과 관련된 속담을 찾아보니 "꽃샘에 설늙은이 얼어 죽는다."라는 말이 있다. 춘분이 지나도 꽃샘추위가 찾아와 자칫 방심하던 늙은이조차도 얼어버릴 수 있다는 뜻이다. 봄기운이 완연해도 아직은 따뜻한 옷을 벗을 때가 아니라는 교훈이 담겨 있다.

요즘 왕복 4,000보 정도의 산길을 걷는다. 평일에는 마주치는 사람이 대여섯 명 정도지만 공휴일이면 훨씬 많아진다. 30대 미만의 젊은이들도 종종 보인다. 그런데 이들 중 나와 눈인사라도 주고받는 사람이 열에 하나라도 될까? 때로는 이런 생각이 든다.

'내가 먼저 인사를 건네야 하나?'

그래, 그러자!

다음부터는 눈이라도 마주치면 내가 먼저 고개를 끄벅하고 지나가야겠다. 봄처럼, 먼저 다가가는 것이 더 따뜻한 일이 아닐까.

# 청명절 _ 온갖 꽃들은 피어나고

　내일은 4월 5일, 식목일이자 한식(寒食)이다. 동시에 22대 국회의원 선거 사전투표일이기도 하다. 계절이 깊어가는 만큼 해야 할 일도 많아지는 시기다.

　한식은 어떤 날일까? 지난해 달력을 들여다보니 한식과 청명절(淸明節)은 같은 날이거나 하루 차이로 겹쳐 있었다. 더 찾아보니 동지절(冬至節)로부터 105일째 되는 날을 한식이라 부른다고 한다. 한식(寒食)이라는 이름에서 알 수 있듯이 이 날은 불을 피우지 않고 찬 음식을 먹는 풍습이 있었다.

　조선시대에는 청명절이 되면 내병조(內兵曹), 오늘날의 대통령실 경호처와 같은 기관에서 버드나무를 비벼 새 불씨를 일으켜 임금께 바쳤다고 한다. 임금은 이 불씨를 전국의 수령들에게 나누어 주었고, 백성들은 묵은 불을 끄고 새 불을 맞이했다. 불을 피울 수 없는 동안 자연스럽게 찬 음식을 먹게 되었고, 여기서 한식이라는 이름이 유래했다.

한식에는 조상의 묘를 돌보는 풍속이 있다. 묘지에 새 잔디를 입히고, 정성껏 손질하며 조상께 감사를 표하는 날이다. 인고의 시간을 지나 새 생명력을 얻는 봄과도 맞닿아 있는 풍습이다.

TV 뉴스에서는 여의도 벚꽃이 만개한 장면을 보여주었다. 총선을 앞두고 험악했던 사회 분위기도 한결 부드러워진 느낌이다. 선거가 국민적 축제가 되지 못하고 대립으로 이어지는 현실은 아쉽지만, 봄은 어김없이 찾아왔다.

4월부터는 등산 시간을 아침 6시 30분으로 당겼다. 추위가 물러가고 나니 상쾌한 공기를 온전히 느끼고 싶어졌다. 약수터에 도착하니 반가운 얼굴이 보였다. 작년 가을까지 자주 마주쳤던 오 사장 부부다.

오 사장은 원래 배드민턴을 즐겼지만 기력이 달려 등산으로 운동을 바꿨다고 했다. 배드민턴 동호회 회장을 맡아 회원 간 친목을 위해 애썼던 이야기도 들려주었다. 그는 경북 성주 출신으로, 구수한 사투리가 인상 깊었다. 덕분에 집성촌의 문화와 전통적인 관혼상제에 대한 흥미로운 이야기들도 많이 들을 수 있었다.

산에 오는 이들과 두루 인사를 나누며 스스럼없이 어울리는 그는 사교성이 뛰어난 사람이다. 나보다 두 살 아래지만 스무 살에 고향을 떠나 서울에서 여러 가지 장사를 하며 살아왔다. 내게는 전혀 다른 세상을 살아온 사람처럼 느껴지기도 했다.

오 사장 부부는 겨울 내내 산에 오르지 않다가 날이 풀리자 다시 등산을 시작했다고 한다. 앞으로 그의 입담을 통해 어떤 이야기를 더 들을 수 있을지 벌써 기대된다.

산길을 걷다 보면 나뭇가지마다 피어나는 연둣빛 숨결처럼, 우리 마음도 조금씩 피어오를 것이다. 오래된 이야기와 새로운 인연이 조용히 스며들어 삶을 적셔줄 날들이 기다리고 있다. 찬 음식을 먹으며 조상을 떠올리는 한식, 나무를 심으며 미래를 생각하는 식목일, 그리고 벚꽃 사이로 다가온 선거의 시간까지.

계절은 어김없이 제 몫을 다하고, 사람들은 저마다의 자리에서 다시 봄을 살아낸다. 모든 순간이 흩날리는 꽃잎처럼 마음에 쌓인다. 그렇게 오늘도, 청명절은 온갖 꽃들처럼 피어나고 있다.

# 곡우절 _ 하늘이 곡식비를 내린다

곡우절(穀雨節) 즈음에 내리는 비는 청명(淸明)무렵에 뿌린 볍씨가 모로 자라도록 돕는 비이자 땅속에서 겨울을 견딘 보리가 힘차게 자라도록 재촉하는 비다. 콩과 옥수수 같은 여름 농작물의 파종 시기와도 맞물려 있어 예부터 곡우는 '하늘이 내리는 곡식비'라 불리어 왔다.

차 농사에서도 곡우절은 중요한 기준이 된다. 곡우 전에 수확한 찻잎을 '우전차(雨前茶)'라 하여 귀하게 여기는데, 일본에도 비슷한 전통이 있다. 입춘(立春)으로부터 88일째 되는 날을 '88야(夜)'라 하여 농사의 기준일로 삼고, 이때 수확한 차를 신차(新茶)라 하여 귀하게 여긴다. '88야'는 대략 5월 2일경으로, 우리의 곡우절(4월 19일경)보다 약 2주 늦다.

산에서 체감하는 곡우는 그야말로 짙은 푸르름의 안개로 다가온다. 온갖 풀과 관목들이 앞다투어 새싹을 틔우며 겨우내 앙상했던 숲에 생명력을 불어넣는다. 메마르고 쓸쓸하던 나무들은 어느새 연초록 잎으로 물들고, 텅 비었던 숲은 다시 숨쉬기 시작한다. 겨울엔 멀리까지 환히 트였던 시야가 이제는 연둣빛 안개 속에 잠긴 듯 흐릿해졌다. 앞이 흐려도 불편하지 않다. 대신 자연의 숨결이 가까이 느껴진다.

오늘은 4월 19일, 음력으로는 3월 11일이다. 달력에 '4·19 혁명'이라 적힌 것을 보며 잠시 멈춰 생각한다. 곡우는 본격적인 농사철의 시작일 뿐 아니라, 자연과 사람이 함께 움직이기 시작하는 시간이다. 논밭에서는 농부가, 거리에서는 학생과 노동자가, 운동장에서는 선수들이 몸을 푼다. 어떤 이는 다짐을 새기고, 어떤 이는 바쁘게 다음 걸음을 준비한다. 움츠렸던 모든 생명과 마음이 깨어나는 시기다.

촉촉한 비가 땅을 적시는 것을 보면 삶도 이런 비를 기다려왔던 건 아닐까 생각하게 된다. 무언가를 키운다는 건 비가 내리는 날을 알아보는 일이고, 그 비를 맞으며 기꺼이 깨어나는 용기를 갖는 일이기도 하다. 곡우는 그렇게 우리 삶에도 조용히 다가와 말해주는 듯하다. "이제, 그대도 움트거라!"

# 입하절 _ 계절의 여왕 5월

TV에서는 내일이 어린이날이라고 전한다. 달력을 들여다보니 5월은 유난히 특별한 날이 많다. 근로자의 날, 어린이날, 어버이날, 부처님 오신 날, 스승의 날, 5·18 민주화운동 기념일까지 모두 여섯 번이나 마음을 기울일 날이 적혀 있다. 계절이 좋아서일까, 뜻깊은 날들을 한곳에 모아놓은 듯하다.

아파트 정원에 피었던 라일락 꽃은 이미 향기를 지우고 푸른 잎을 짙게 드리웠다. 오늘은 입하(立夏)라서인지 계절은 어느새 여름을 향하고 있다. 등산로 주변도 온통 짙은 초록빛이다. 몇 그루 안 되는 아까시나무는 흰 꽃을 활짝 피워 그윽한 향기를 뿜는다. 바람이 그 향기를 실어와 내 어깨에 감긴다.

문득 어린 시절 불렀던 동요 한 구절이 입에서 새어나온다. 초등 교육 6년 동안 나는 일어를 배워 쓰면서 일본 노래를 익혔다. 그 동요를 발음 그대로 한글로 적어본다.

    나쓰모 치카수쿠 하치쥬하치야~
    노니모 야마니모 와카바가 시게루~
    아레니 미에루와 챠쓰미쟈 나이카~
    아카네 타스키니 수기노카사~

'찻잎 따기'라는 제목의 이 노래는 동요라기보다는 농요(農謠)에 가깝다. 여름이 다가오는 88일, 들과 산에 새싹이 돋고 머리띠를 두른 사람들이 삼나무 삿갓을 쓰고 찻잎을 따는 풍경을 그린다. 가사를 풀어보면 이렇다.

    여름이 다가오는 팔십팔일~
    들에도 산에도 새싹이 무성하네~
    저기 보이는 것은 찻잎 따기 아닌가~
    붉은 머리띠에 삼나무 삿갓~

일본 민요에는 자연과 농사를 노래한 것이 많다. 반면 우리 민요는 사랑과 삶의 애환을 담은 곡이 많다. 오랜 신분제 사회에서 농사는 희망과 기쁨의 대상이 아니라 생존을 위한 고된 노동이었기 때문일까. 자연을 노래할 여유도 없이 많은 사람이 노비로, 혹은 지주에 매달린 소작인으로 살아야 했다. 그래서인지 시조는 많아도 농요는 드물다. 그나마 있었더라도 기록되지 못한 채 구전으로만 전해지다가 희미해진 듯하다.

아서라, 새로움과 희망이 넘실거리는 계절에 웬 넋두리인가. 우리 전통을 더 깊이 이해하고 친숙해지려면 잊히는 농요를 찾아 배우는 것도 좋은 방법일 것이다.

보리가 익어 바람에 일렁이는 초여름이다. 이맘때면 떠오르는 노래가 있다. 소프라노 조수미가 전 세계에 알린 애창 가곡 '보리밭'이다.

> 보리밭 사잇길로 걸어가면
> 뉘 부르는 소리 있어 나를 멈춘다
> 옛 생각이 외로워 휘파람 불면
> 고운 노래 귓가에 들려온다
> 돌아보면 아무도 보이지 않고
> 저녁놀 빈 하늘만 눈에 차누나

햇살 아래 출렁이는 보리밭 처럼 마음도 출렁이는 계절이다. 계절의 여왕 5월은 나더러 살랑대는 바람을 타고 어디론가 떠날 채비를 하게 한다.

## 소만절 _ 초록이 눈부시다

한마디로 경이다. 수십 번의 봄을 맞이했지만 풀 한 포기가 땅을 뚫고 올라오고 나무에서 수많은 새순이 돋아나는 모습을 날마다 가까이서 지켜본 것은 올봄이 처음이다. 자라는 과정은 눈에 보이지 않지만 결과는 하루가 다르게 달라진다. 그래서일까. 볼 때마다 새롭고 신비롭다. 어느새 온 세상이 초록빛으로 물들었고, 일주일에 한두 번씩 내리는 비는 그 초록을 더욱 짙고 윤기 나게 만든다. 감상하려니 눈이 부실 정도다.

소만(小滿), 달력을 보니 5월 20일이다.

농사일이 한창 바빠지는 시기다. 벼농사는 논을 갈아 물을 대고 모내기 준비에 들어가며, 지역에 따라서는 이미 모내기가 시작된 곳도 있다. 보리는 누렇게 익어가니 서둘러 베어야 하고, 밭에서는 무성하게 자란 잡초를 뽑느라 김매기가 한창이다.

이맘때면 '보릿고개'가 떠오른다.

반세기 전까지만 해도, 입하(立夏)에서 소만(小滿) 무렵이면 지난 가을에 추수한 곡식이 떨어지고, 보리는 아직 여물지 않아 식량이 가장 부족한 시기였다. 가난한 이들은 풀뿌리나 나무껍질로 끼니를 때우며 버텼다. 그 고단한 삶을 '보릿고개'라 불렀다. 오늘날 트로트 가수 진성이 부른 '보릿고개'라는 노래는 그 시절의 어려움을 다시금 떠올리게 한다.

소만 무렵이면 여인들은 봉숭아꽃을 따다가 손톱에 물을 들였다. 이는 단순한 멋이 아니라 붉은색이 나쁜 기운을 물리친다는 믿음에서 비롯되었다고 한다.

또한 이 시기에 전해 내려오는 속담 중에 "소만 바람에 설늙은이 얼어 죽는다."는 말이 있다. 소만 무렵의 날씨는 변덕 부리기 일쑤라 한순간 여름처럼 덥다가도 금세 비바람이 몰아치며 기온이 뚝 떨어지기도 한다. 갑작스러운 기온 변화에 대비하라는 선조들의 지혜가 담긴 말이다.

봄의 끝자락에서 여름으로 넘어가는 길목에 이르면 초록이 더욱 짙어진다. 지나온 시간만큼이나 푸르고 풍요로워지기를 기대한다.

# 망종절 _ 보리 베고 모내기 하고

망종(芒種)은 6월 5일이다. 바로 다음 날은 현충일이다.

망종은 '까끄라기 있는 곡식을 거두고 또 심는 시기'라는 뜻을 담고 있다. 보리를 베고 모를 심는 이 무렵은 농사일이 가장 바쁜 시기이자, 한 해의 결실을 준비하는 중요한 때다.

내가 중·고등학교에 다닐 때는 물론 1970년대 군 복무를 할 때도 이맘때면 '모내기 동원' 혹은 '모내기 지원'이라는 이름으로 논에 나가야 했다. 발을 벗고 바짓가랑이를 걷은 채 줄을 맞춰 모를 심던 기억이 아직도 생생하다. 일을 하다 보면 '새참' 시간이 찾아왔다. 논두렁에 둘러앉아 마을에서 준비한 막걸리와 쑥버무리, 국수말이를 나눠 먹었다. 지금 생각해도 참 따뜻하고 평화로운 풍경이었다.

망종 즈음이면 감자를 캐고 매실을 따느라 농촌의 손길은 더욱 바빠진다. 나는 농사와 직접 연이 없어 이 시기를 늘 '호국보훈의 달'로 더 깊이 기억하며 살아왔다.

TV에서도 6월이 호국보훈의 달이라는 사실을 강조하지만, 정작 농사일이 가장 분주한 시기라는 보도는 좀처럼 보기 어렵다. 내일이면 서울 현충원에서 대통령이 참석한 가운데 현충일 추념식이 거행될 것이다. 나는 작년까지 갑성회 회원들과 함께 참배 행사에 빠짐없이 참석했지만, 올해부터는 TV를 통해 참배의 마음을 대신하려 한다.

현충일은 나라를 위해 목숨을 바친 이들을 기리는 날이다. 서울 현충원에는 나와 함께 간부후보생 교육을 받았던 동기 여섯 명이 안장되어 있다. 몇 해 전까지만 해도 재경 동기들이 함께 현충원에 모여 친구들의 묘를 하나하나 찾아 조화를 놓고, 묵념을 올리는 소박한 의식을 이어왔다. 그때마다 나는 속으로 이렇게 말했다.

잘 쉬고 있는가? 너는 떠나고 나는 아직 살아 있으니 미안하네. 하지만 나도 살아 있는 동안 나라 지킴에 최선을 다했다네. 다시 찾아오겠네. 편히 쉬게나.

그들은 6·25 전쟁이 한창이던 시절, 소위나 중위 계급으로 전방의 소대장을 맡아 전사했다. 아직 장가도 들지 못한 젊은 청춘들이었다. 농부가 땀 흘려 곡식을 키우듯, 그들도 젊음을 바쳐 이 나라를 지켰다.

  6월은 곡식이 여물어 가는 계절이다. 이 시기에 우리는 나라를 위해 헌신한 이들의 이름을 되새겨야 한다. 젊은 그들의 희생이 있었기에 오늘의 우리가 있다. 지금 우리가 누리는 이 평화가, 그들 한 사람 한 사람의 귀한 생명 위에 서 있다는 사실을 잊지 말아야 한다.

# 하지절 _ 가장 긴 낮의 이야기

 요즘 낮 기온이 30도를 웃돌고 비도 자주 오지 않아 무더위가 기승을 부린다.
 올해 하지는 양력으로 6월 21일, 음력으로는 5월 16일이다. 낮이 가장 긴 날, 하지가 다가왔다. 아직 매미 소리는 들리지 않지만 나무는 잎이 무성할 대로 무성해졌다. 남부지방에는 비가 내리지만 중부지방은 여전히 비를 기다리며 더위를 호소하고 있다. 농부들은 망종 무렵에 심어둔 모가 잘 자라길 바라며 논에 물이 차기를 고대한다. 하지가 지나도 비가 오지 않으면 가뭄이 심해지기 때문에, 예전에는 임금이 직접 기우제를 올리기도 했다.
 등산길을 오르다가 땅에 낯선 것들이 떨어져 있는 것을 보았다. 수수 이삭처럼 보이기도 하고, 커다란 벌레처럼 보이기도 했다.

자세히 보니 동물이 아니라 식물이었다. 고개를 들어 위를 올려다 보니 소나무 사이로 큰 밤나무가 드문드문 보였다.

'아, 밤꽃이구나. 떨어진 밤꽃들이었구나.'

문득 젊은 시절 들었던 속담 하나가 떠올랐다.

"밤꽃이 필 때면 그 냄새에 젊은 과부가 어쩌고저쩌고…"

후각이 둔해진 건 아닐 텐데 아무 냄새도 느껴지지 않았다. 아마 꽃이 질 무렵이었나 보다.

어제인 6월 20일, 국방홍보원에서 다큐멘터리 '북한 도발사 – 땅굴 편'을 제작하는 과정에서 나를 인터뷰하겠다며 집으로 찾아왔다. 사전에 질문 내용을 전달받았고, 3년 전 동아방송 채널 A의 북한 땅굴 관련 프로그램에 출연한 경험도 있어 가벼운 마음으로 이들을 맞았다.

20~30대의 여성 작가 두 명과 남성 촬영기사 한 명이 함께 왔다. 국방부 소속이지만 일반 방송사 제작진처럼 부드럽고 친절했다. 인터뷰는 작가가 묻고 내가 답하는 방식으로 진행되었다. 질문 중에는 주제에서 다소 벗어난 것도 있었지만 군사 지식이 부족한 이들을 배려해 쉬운 말로 내용을 보완하며 대답해 주었다.

인터뷰가 끝나자 작가는 과거 나의 노고에 대해 칭찬하며 오늘의 협조에 깊이 감사했다. 나는 좋은 작품이 나오길 바란다며 격려의 말을 건넸다.

간단한 다과를 나누며 짧은 이야기를 나눴다. 그날 가장 신경 쓴 일은 인터뷰 시작 30분 전에 에어컨을 켜는 것이었다. 올해 들어 처음으로 에어컨을 작동시킨 날이기도 했다. 하지가 다가오니 여름이 진짜 시작되었음을 온몸으로 실감했다.

# 소서절 _ 망중한이다

　오늘은 소서절(小暑節), 7월 6일이다. 더위는 날마다 기세를 더하고 들판에 심어둔 곡식들은 하루가 다르게 자라고 있다. 한낮의 뜨거운 열기 속에서 일을 마치면 책을 읽으며 더위를 식히기도 하고, 농막이나 정자 그늘에 앉아 수박이나 참외를 나눠 먹으며 잠시 숨을 고르기 좋다. 농민들이 그리는 소서절의 풍경은 아마 이런 모습일 것이다.

　농사일도 잠시 쉬어갈 수 있는 시기다. 비가 오면 논물의 수위를 조절하고, 벼 사이에 자란 잡초를 뽑는 정도면 충분하다. 그래서 바쁜 틈에 찾아오는 짧은 여유를 뜻하는 '망중한'이라는 말이 소서절과 잘 어울린다.

　요즘은 비가 그친 뒤 까마귀 떼가 자주 보인다. 아파트 단지 위나 뒷산 중턱을 무리지어 날아다니며 목청껏 울어댄다. 예전엔 그 울음소리를 불길하게 여겼지만, 요즘은 자연이 가까이 있다는 신호처럼 느껴져 오히려 반갑다.

어젯밤 내린 비가 산골짜기를 따라 물소리를 데려왔을까 싶어 아침 일찍 뒷산에 올랐다. 기대와는 달리 물길은 들리지 않았다. 비가 부족했던 모양이다. 대신 뜻밖의 풍경이 눈앞에 펼쳐졌다. 짙은 안개가 온 산을 덮고 있었다. 호수 위에 낀 것은 물안개, 바다를 덮은 것은 해무라 하는데, 산에 내려앉은 이 안개는 활승안개일까 아니면 산안개일까. 그런 생각을 하며 걷다 보니 어느새 안개가 걷히고 사방이 환히 트였다. 해가 떠오르며 안개를 서서히 걷어낸 것이다. 자연이 또 한 번 보여준 신비로운 장면이었다.

나는 이런 시간들이 좋다. 보고 느끼고 생각하며, 내 안의 말을 하나씩 꺼내보는 산행. 산은 언제나 조용히 나를 받아주고, 계절은 그 안에서 묵묵히 자신의 얼굴을 드러낸다.

오늘처럼 뜨거운 날에도 삶은 잠시 여유를 허락한다. 그것이 '소서절'이 주는 선물 아닐까. 자연 속에서 조용히 내 숨을 고르며 다시 하루를 살아갈 힘을 얻는다.

# 대서절 _ '삼폭'의 계절이구나

　벌써 7월도 하순에 접어들었다. 일주일에 한두 번씩 비가 내려 더위를 견디기는 조금 나아지긴 했다. 이제부터 본격적인 무더위가 시작되는 시기다.
　몇 해 전까지만 해도 삼복더위에 개고기 보신탕을 찾는 중년 남성들이 많았지만 요즘은 삼계탕이나 염소탕이 그 자리를 대신하는 듯하다. 개고기 식용이 법적으로 금지되었기 때문이라 한다. 여름 한가운데를 소서(小暑)와 대서(大暑)로 나누어 부르기보다는 초복, 중복, 말복의 삼복더위로 구분하는 것이 우리에겐 더 익숙하다. 그런데 요즘 삼복더위는 폭염, 폭우, 폭언의 '삼폭(三暴) 더위'로 바뀌는 느낌이다.
　한낮 기온은 30도를 훌쩍 넘고 아침 기온도 20도를 웃돈다. 때로는 35도를 넘는 찜통더위가 이어진다. 비도 한 번 내리면 시간당 70~80mm씩 쏟아지고 하루 강우량이 300mm를 초과하는 지역도 있다. 기상이변이 일상이 된 셈이다. 내가 알기로 시간당 100mm 이상의 폭우나 하루 300mm를 넘는 강우량이면 큰 수해로 이어질 가능성이 높다. TV에서는 예상 강우량과 함께 수해 예방책을 알리는 보도가 연일 이어진다.

자연의 변화만 '폭(暴)' 자를 붙일 일이 아니다. 인간사에서도 '폭' 자 돌림이 자주 등장한다. 특히 정치판이 그렇다. 의회 민주제가 처음 시행될 때만 해도 국회의원을 '선량(選良)'이라 부르며 존경했지만 요즘은 양심의 가면을 쓴 전과자이거나 법률 지식을 앞세운 거친 사람처럼 보일 때가 많다. 안타깝고 한심한 일이다.

삼복더위가 삼폭더위로 바뀌면서 더위를 피해 시원한 산을 더 자주 찾게 된다. 올해 들어 처음으로 개울물 흐르는 소리를 들었다. 자연의 소리라고는 까마귀 울음과 천둥소리 정도였는데 큰비가 내리니 산골짜기에 물길이 생겨 새로운 소리가 들리기 시작했다.

약수터에서 시작된 작은 물줄기는 처음엔 귀를 기울여야 들릴 정도로 약하게 속삭였다. 아래로 내려갈수록 "졸졸졸" 고운 소리를 내더니, 더 아래에서는 사방에서 모인 물줄기가 "콸콸콸" 소리를 내며 힘차게 흘렀다. 자주 들을 수 없는 소리라 더욱 반갑고 귀하게 느껴졌다. 유심히 들으면 물길의 굴곡이나 바닥 지형에 따라 소리가 조금씩 다르게 들리는 것도 흥미롭다.

 비가 더 많이 내리고 하류로 내려가면 물소리는 점점 깊고 무겁게 변한다. 언젠가는 무거운 침묵처럼 변해 큰 피해를 주기도 하겠지만, 지금 이 순간 나는 졸졸 흐르는 물소리만 즐기고 싶다.

 하산길에 늘어진 나뭇가지들이 눈에 들어왔다. 길쭉한 잎을 보니 올봄부터 자주 보던 밤나무였다. 가까이 다가가 보니 푸른 가시로 뒤덮인 포도만 한 열매들이 주렁주렁 달려 있었다. 밤이었다. 하지 무렵 밤꽃이 흐드러졌던 모습이 떠올랐다. 한 달 남짓한 사이에 길쭉했던 밤꽃이 동그랗고 날카로운 가시 옷을 입은 열매로 자라 있었다. 자연의 변화는 참 놀랍고 신비롭다.

 참외와 수박을 살까 하고 아파트 셔틀버스를 타고 시내로 나갔다. 남자들은 반바지에 반소매 셔츠 한 장으로 간편한 차림이었고 여자들은 차림새도 소품도 한층 더 화려했다. 한 손엔 양산, 다른 손엔 전동 선풍기를 든 모습이 많았다. 소도시의 한낮 풍경이 그려졌다.

 집으로 돌아오면 아파트엔 느티나무 그늘도, 평상도 없다. 그래도 거실 앞뒤 창문을 활짝 열어두면 마음만은 평상 위에 누운 듯하다. 하루의 더위를 조용히 식혀보려는 것이다.

  오늘 약수터에서 내려오는 길에 들었던 물소리는 저만치 흘러가 버렸지만 그 물소리와 저녁빛은 내 마음 어딘가에 오래도록 머물 것 같다. 그런 여름날의 한 페이지. 나는 그저 귀하게 간직해두고 싶다.

## 입추절 _ 가을이여, 어서 오라

요즘 무더위 속에서 하루하루를 버티기가 쉽지 않다. 오늘은 절기로 입추(立秋), 양력으로 8월 7일이며 음력으로는 7월 4일이다. 아침 기온은 25도에서 최고 35도까지 오르내린다. 비라도 시원하게 쏟아지면 좋겠지만 찔끔 내리고 마는 날이 많다. 기상예보에 따르면 국지성 집중호우가 잦아 일부 지역은 홍수 피해를 겪고 있다고 한다. 하지만 이곳 용인에는 아직 속 시원한 큰비가 내리지 않았다.

TV에서는 열대야가 벌써 18일째 이어지고 있다고 한다. 매년 반복되는 이야기지만 전력 소비가 급증하면서 정전으로 급수와 냉방이 끊겨 불편을 겪는 아파트 단지가 속출하고 있다. 신문에서도 폭염 피해 소식이 연일 이어진다.

축산 농가와 양식업계는 폭염과 사투를 벌이고 있다고 한다. 2024년 8월 7일 기준으로 닭과 오리 39만 3천 마리, 돼지 3만 1천 마리가 폐사했고 양식장에서는 강도다리 20만 5천 마리, 조피볼락 16만 4천 마리, 넙치 7만 마리가 폐사했다. 양계장에서는 쿨링패드와 환풍기를 가동해도 온도를 29도 이하로 낮추지 못해 피해가 이어지고 있다. 한우 축사에서는 24시간 쿨링포그를 가동하고 미네랄 블록과 생옥수수 같은 영양식을 공급하며 버티고 있다. 양식장에서는 사료가 썩어 물속 산소가 줄어들면서 피해가 심각해졌고, 완도의 전복 양식장에서는 고수온 피해를 막기 위해 먹이를 제한하는 '굶겨서 살리기' 전략을 쓰고 있다고 한다.

말복이 아직 일주일이나 남았는데도 절기가 입추라니. '가을'이라는 글자만으로도 풀잎과 나뭇잎 위로 누런 기운이 서서히 번지기 시작한다. 식물들은 성장을 멈추고 결실을 준비하는 듯하다.

입추와 관련된 속담 중에 "입추 때는 벼 자라는 소리에 개가 짖는다"라는 말이 있다. 벼가 하루가 다르게 무럭무럭 자라는 시기라는 뜻이다. 농사의 성패가 날씨에 달려 있으니 일상의 불편함은 견뎌야 하고, 비와 더위가 농사에 이롭기를 바랄 뿐이다.

오늘 아침, 약수터에서 반가운 사람을 만났다. 벤치 옆 좁은 평지에서 국민체조 음악에 맞춰 체조를 하는 여인이 눈에 들어왔다.

그 옷차림과 몸짓이 어디선가 본 듯해 체조가 끝날 때까지 조용히 기다렸다. 이윽고 그녀가 고개를 돌렸고 나는 먼저 말을 걸었다.

"마산댁 아니요?"

그녀도 나를 알아보고 반갑게 인사했다.

"아이고, 어르신! 반갑습니다."

작년 늦가을까지 자주 마주쳤던 '마산댁'이었다. 처음 그녀를 만난 것은 작년 봄이었다. 성주 출신 오 사장과 약수터에서 이야기를 나누던 중이었다. 그녀가 다가와 "안녕하세요!" 하고 먼저 인사를 건넸다. 말씨가 정감 있어 오 사장이 고향을 물었고, 그녀는 마산 출신이라 했다. 그 말에 오 사장과 나는 각자 고향을 털어놓았고, 자연스럽게 친근감이 생겼다. 우리는 그녀를 '마산댁'이라 부르기로 했고 그녀도 흔쾌히 받아들였다. 그렇게 약수터에서 종종 마주치게 되었다.

산에서 만나는 사람들과 나누는 이야기는 대개 날씨나 건강, 코로나 같은 공통된 관심사에 관한 것이다. 편한 사이가 되면 시국 이야기나 이름도 주고받는다.

오랜만에 다시 만난 마산댁은 남편이 당뇨로 오래 고생하다가 2년 전 세상을 떠났다고 했다. 그녀는 지난 세월을 조용히 풀어놓았다. 나는 굳이 말을 보태지 않고 묵묵히 들었다.

잠시 후, 다른 사람들이 약수터로 하나둘 모여들었다. 나는 조용히 자리에서 일어나며 말했다.

"내일 또 만납시다."

"조심히 가세요."

그녀도 인사하며 각자의 길로 내려갔다.

# 처서절 _ 전통에 거스르는 절기

처서(處暑)란 더위가 물러나는 시기를 뜻한다. '처리하다', '멈추다'라는 말처럼 더위의 기세가 꺾이기 시작하는 때다. 중학생 시절, 고향 통영의 바다에서 한여름을 물놀이로 보내던 기억이 떠오른다. 광복절이 지나면 바닷물이 차가워져 발만 담그고 나오기 일쑤였고, 어른이 되어 동해에서 수영을 하던 시절에도 8월 중순을 넘기면 물이 차가워져 더는 들어가기 어려웠다.

하지만 요즘은 다르다. 오늘은 8월 22일, 처서다. 광복절이 지난 지 일주일이 넘었지만 낮 기온은 여전히 34도 안팎을 맴돌고 있다. 해수욕을 해도 시원하기는커녕 땀이 흐를 정도다. 더위가 사그라들 기미조차 보이지 않는다.

처서에 얽힌 속담 중에 "처서가 지나면 모기 입도 비뚤어진다"

는 말이 있다. 하지만 내가 자주 가는 약수터에서는 여전히 모기 떼가 기세 좋게 달려든다. 전혀 비뚤어지지 않은 입으로 말이다.

조선시대에는 처서 무렵 각 관청과 규장각에서 보관 중이던 문서를 꺼내 햇빛과 바람에 말리는 풍습이 있었다고 한다. 백성들도 장롱 속 이불과 옷가지를 꺼내 뽀송뽀송하게 말리며 환절기를 준비했다. 그 시절 사람들은 자연의 변화에 따라 생활을 조율하고 계절에 순응했다.

언제부터인가 달력과 현실의 계절감이 따로 논다. 고온다습한 날씨에 이불을 말리기는커녕 창문을 닫고 에어컨을 찾기 바쁘다. 기온만이 문제가 아니다. 올해 광복절에는 마음까지 더웠다.

그날은 기념일이 아니라 논란의 날이었다. 광복회장이 1948년 8월 15일을 광복절로 인정할 수 없다며 정부 주관의 경축식에 불참했고, 대신 1919년 4월 상하이 임시정부 수립을 대한민국 건국의 기점으로 삼아 별도 행사를 열었다. 일부 정치인들도 이 행사에 참석해 사회적 논란은 더욱 커졌다. 결과적으로 우리 사회의 혼란스러운 민낯이 전 세계에 그대로 드러났다.

무엇을 기념하고 어디에 뿌리를 둘 것인가는 국가 정체성과 깊은 관련이 있다. 그런데 이처럼 뜨거운 여름날, 우리는 서로의 뿌리를 흔들며 분열과 갈등의 말을 쏟아냈다. 과연 이 모든 갈등은 단지 정치적 해석의 차이 때문이었을까. 아니면, 비정상적인 더위가 우리 이성까지 덥혀 놓은 탓이었을까.

더위가 그치지 않는 처서절, 우리는 전통이 일러주는 길 위에서 한 걸음쯤 멀어져 있지는 않은지 생각해본다. 계절이 지나가듯 지금의 혼란도 지나가겠지만 그 끝에서 우리는 제자리를 찾을 수 있을까.

맑게 식은 바닷물처럼 마음도 천천히 제 빛을 되찾기를 바란다.

# 백로절 _ 풀잎에 이슬이 맺히지 않는다

 어제가 절기로는 백로(白露)였다. 오늘은 9월 7일, 음력으로는 8월 5일이다.
 아침 일찍 집을 나서면 약간 서늘한 바람이 불어와 여름과는 다른 기운이 느껴진다. 그렇다고 아직 가을이라 말하기엔 이르다. 약수터로 가는 나의 정해진 산행길에서 백로절이 지났음에도 불구하고 아직 풀잎에 이슬이 맺힌 것이 눈에 띄지 않는다. 그러나 풀잎과 나뭇잎은 그 생기 찬 푸르름을 조금씩 잃어가고 있는 것 같다. 이러한 현상은 비는 오지 않는데 밤의 최저 기온이 23도 안팎으로 더 내려가지는 않고, 낮 기온은 34도 안팎으로 뜨거운 날씨가 이어지기 때문이 아닌가 싶다.
 이웃 나라 일본은 약 열흘 전에 큰 태풍으로 엄청난 재해를 입었고, 중국은 어제와 오늘 큰 태풍의 영향을 받고 있다. 우리나라는 아직은 무사하지만 9월이면 연례행사처럼 태풍이 찾아오곤 했기 때문에 방심해서는 안 될 것 같다.

그러나 비는 와야 한다. 예부터 전해 내려오는 말이 있다. "백로에 비가 내리면 십 리에 천 석은 늘린다"는 말이다. 이는 풍년의 징조로 여겨졌고, 백로절에 비가 내리면 풍년이 온다고 믿었다. 농사를 생업으로 삼았던 시절, 사람들은 비를 얼마나 간절히 바랐을지 짐작할 수 있다.

백로와 관련된 우리의 풍습도 있다. 이 무렵에는 시집간 딸이 친정을 찾아가던 풍속이 있었다. 벼가 익어가는 시기로, 농사일이 잠시 숨을 고를 수 있었기에 가능했을 것이다.

요즘은 아침 산길에서 사람들을 자주 마주친다. 아침 공기가 선선해져서인지, 올여름의 지독한 더위를 피해 산길로 향하는 걸까. 오늘 약수터에 가 보니, 물을 뜨던 쪽박 두 개가 깨져 있었다. 실수였는지 일부러 그랬는지 알 수 없지만 그대로 두기엔 마음이 걸렸다.

내일은 쉽게 깨지지 않는 쪽박을 두 개 사다 놓기로 마음먹었다. 마침 약수터 단골인 김 씨 내외가 깨진 쪽박을 가져가며 정리하겠다고 말했다. 그 모습에서 자연을 아끼고 함께 나누려는 이웃의 따뜻한 마음이 느껴졌다.

　백로가 지난 지 며칠 되었지만 풀잎엔 아직 이슬이 맺히지 않는다. 계절은 분명히 움직이는데 세상의 기온은 아직 머뭇거린다. 그 틈에서 사람들은 서로를 돌아보고 작은 일에도 마음을 보탠다.

　산은 말이 없지만 다녀간 이들의 정이 그 자리에 고요히 쌓인다. 그렇게 계절은 익어간다. 마음 또한 천천히 물들어 익어간다.

# 추분절 _ 어김없이 돌아오는 가을

오늘이 9월 22일, 추석이 지난 지 닷새가 되는 날이다. 음력으로는 8월 20일, 낮과 밤의 길이가 같아지는 추분절(立秋節)이다.

입추(立秋)부터 절기로는 이미 가을이었지만 한낮의 더위는 여전히 여름 같았다. 이제야 바람이 달라지고 하늘빛이 깊어지니 비로소 가을이 온 것 같다. 한 달 반이나 기다려 온 진짜 가을, 그 추분절이 드디어 찾아왔다.

어제 태풍이 남해안을 훑고 지나가며 산사태와 하천 범람 등 많은 피해를 남겼다. 다행히 이곳 경기 지방은 이틀 동안 비가 조금 내려 더위를 식혀주었다. 사람들이 만날 때마다 "좀 시원해졌어요.", "이제야 살겠네요." 하며 긴 무더위에서 벗어난 기쁨을 나눈다.

약수터도 한결 붐빈다. 아침 공기를 들이마시려는 사람들로 활기가 넘친다. 서로 인사를 나누다 보면 어느새 이야기는 시국으로 흘러간다. 정치인을 성토하는 자리로 변하는 것도 드문 일이 아니다. 짧은 시간에 생각을 쏟아내다 보니 격한 어조로 비난이나 욕설이 나오기도 한다. 그 화살은 주로 유명 정치인에게 향하고, 어떤 이는 현 정부의 우유부단함을 지적한다.

짧은 대화 속에도 나름 정리된 생각을 드러내는 걸 보면, 평소 정치에 대해 많이 고민한 듯하다. 조용히 약수터를 지나치는 이도 있지만, 대개 일흔 전후의 남성들이 시국 이야기에 끼어든다. 예순 전후로 보이는 여성들은 삼삼오오 무리를 지어 걷는데, 그들은 어떤 이야기를 나눌까 문득 궁금해진다.

추분이 지나면 농촌은 본격적인 가을걷이에 들어간다. 벼를 베고, 고추를 따서 말리고, 깻잎과 호박순, 고구마순을 거두며 산나물도 캐는 바쁜 시기다.

산기슭을 걷다 보면 밤나무 아래에 떨어진 밤송이 껍질이 발에 밟히기도 한다. 그럴 때면 "다람쥐나 산짐승의 먹이를 빼앗는 사람이 있구나" 하고 못마땅한 마음으로 지나치곤 했다. 그런데 오늘은 생각이 달라졌다.

앞쪽에서 '툭' 하고 밤송이 하나가 떨어졌다. 순간 놀랐지만 이런 행운도 있구나 싶어 마음이 반가웠다. 처음 겪는 일이라 더 신기했다. 떨어진 밤송이에서 잘 익은 밤 두 알을 주워 들고는 기쁜 마음으로 집으로 돌아왔다.

집에 도착해 나는 활짝 웃으며 할멈에게 자랑했다.

"여보, 오늘 큰 행운을 얻었어요."

그날의 밤알 두 알은 작은 기쁨이었지만 그것은 분명 마음 깊은 곳까지 가을이 다가왔다는 반가운 신호였다. 삶이란 그처럼 어느 순간에 불쑥 찾아오는 선물 같은 계절과 마음의 떨림을 잊지 않고 맞이하는 일일지 모른다.

# 한로절 _ 찬 이슬 맞아 낙엽이 되고

'한로(寒露)'는 '찬 이슬'이라는 뜻이다. 24절기 중 열일곱 번째 절기로, 추분(秋分)과 상강(霜降) 사이에 있다. 올해 한로는 10월 8일에 들었다.

기온이 갑자기 뚝 떨어졌다. 차가운 바람이 불고 낙엽이 흩날리자 가을이 성큼 다가온 느낌이었다.

10월 1일, 국군의 날이 정부에 의해 임시공휴일로 지정되면서 개천절과 함께 징검다리 연휴가 생겼다. 덕분에 많은 국민이 더욱 강력해진 국군의 위용을 직접 지켜볼 수 있었다. 행사는 대통령이 참석한 가운데 성남 비행장에서 기념식으로 시작되었고, 오후에는 서울 남대문에서 광화문까지 시가행진이 이어졌다. 모든 과정이 TV로 생중계되어 나는 다른 일들을 미루고 시청에 집중했다.

국군의 날 행사는 단순한 기념을 넘어, 세계 각국처럼 평화적인 방식으로 자국의 군사력을 국내외에 보여주는 기회다. 올해는 '현무-5' 장거리 탄도미사일의 실전 배치와 미 공군의 초음속 전략 폭격기, '죽음의 새'의 참여가 눈에 띄었다. 국군의 현대화와 강력한 전투력을 실감한 순간이었다.

한로 무렵이 되면 아침마다 나뭇잎 위에 얇은 이슬이 맺힌다. 동네 공원의 운동기구는 이슬에 젖어 걸레로 닦지 않으면 사용하기 어렵다. 길가나 산속 나무 그늘 아래서는 생기를 잃은 잎들이 바닥을 덮는다. 영어에서 가을을 'fall'이라 부르는 까닭이 실감나는 시기다.

오늘은 '에세이스트 문학회' 이 회장과 수필 퇴고를 위해 만난 날이다. 내가 쓴 여섯 편의 수필을 함께 손보자는 약속을 보름 전에 했다. 장소는 이 회장이 단골로 다니는 찻집. 차탁 높이가 책상처럼 적당해 글을 다듬기에 좋고, 조용한 분위기는 마치 스터디카페 같았다.

이 회장과는 오랜 시간 수필을 공부해 온 문우다. 익숙하고 편안한 분위기 속에서 단어를 고치고 문장을 다듬는 시간이 진지하게 이어졌다. 글에 몰입하다 보니 커피가 반 이상 남아 있었다는 걸 한참 뒤에야 알아차렸다. 그만큼 집중했다는 뜻이겠지.

창밖을 보니 해가 뉘엿뉘엿 기울고 있었다. 가을볕이 나뭇잎 사이로 스며드는 모습이 따스했다. 문장을 다듬는 동안 시간도 고요하게 흘렀다. 이 회장과 짧은 대화를 나누고, 식은 커피를 마저 들이켰다. 하루의 끝자락에 문장 한 줄을 더 정리하고 나니 마음도 가볍게 풀렸다.

돌아오는 길, 거리의 가로수도 어느새 가을빛을 머금고 있었다. 한로의 이슬처럼 고요하고 차분한 기운이 초저녁 공기 속에 스며들었다. 계절은 그렇게 한 겹씩 더 깊어지고 있었다.

# 상강절 _ 이슬이 서리가 되고

오늘은 서리가 내린다는 상강절(霜降節)이다. 10월 23일, 음력으로는 9월 21일이다. 한로가 지나자 아파트 단지 안의 활엽수 잎들은 점점 누렇게 변했고, 푸르기만 했던 단풍나무도 서서히 붉은 옷으로 갈아입기 시작했다.

돌이켜보면 추분에 이르러서야 가을이 온 것을 실감했다. 한로에 접어들자 낙엽이 흩날리기 시작했고, 이제 상강절에 이르러 서리마저 내렸다. 가을이 저물어 가고 있다는 사실이 몸으로 전해져 온다.

농촌에서는 아직도 일손이 바쁜 시기다. 벼 타작이 끝난 후에는 볏짚을 커다란 묶음으로 만들어 산업용으로 실어 나르고, 논의 물을 빼며 고구마를 캐고 마늘을 심는다. 다음 밭농사를 위한 퇴비를 마련하느라 쉴 틈이 없다고 한다.

상강절과 관련된 속담으로 "한 해 김치 맛은 상강에 달려 있다"는 말이 있다. 서리를 맞은 배추와 무는 수분이 많아져 아삭거리는 식감이 살아나기 때문에, 이맘때 담근 김치가 특히 맛이 좋다고 해서 생긴 말이라 한다.

다음 절기는 입동이다. 겨울의 문턱에 들어선다는 뜻이다. 가봐야 알겠지만 가을이 이렇게 짧게 느껴질 줄은 몰랐다. 괜히 아쉽다.

가을을 예찬하는 말이 유독 많은 것도 어쩌면 그래서일까. 결실의 계절, 낭만의 계절, 사색의 계절…. 나뭇잎이 떨어져 나무가 앙상해지고, 비움과 떠남을 묵묵히 보여주는 가을이 있기에 사람들은 가을이 되면 자신이 걸어온 길을 가만히 되돌아보게 되는지도 모른다.

내가 좋아하는 노래 중에도 가을을 주제로 한 것이 많다. 가수 최양숙이 부른 '가을 편지'가 생각난다. 시인 고은이 작사하고, 김민기가 작곡한 노래다.

　　가을엔 편지를 하겠어요
　　누구라도 그대가 되어 받아 주세요

낙엽이 쌓이는 날
외로운 여자가 아름다워요~

최종혁 작곡, 최백호의 '내 마음 갈 곳을 잃어'도 떠오른다.

가을엔, 가을엔 떠나지 말아요.
낙엽 지면 서러움이 더해요.
차라리 하얀 겨울에 떠나요~

내가 쓴 '만추의 문경새재' 글 중에서도 떠오르는 문장이 있다.

내가 문경새재를 찾는 세 가지 이유 중 하나는 이렇다.
문경새재 길을 걸으며 그곳 자연이 주는 행복감에 빠져보기 위해서다. 길가로 흐르는 개울물 소리, 좌우로 우거진 숲과 싸늘한 맑은 공기, 풀냄새 짙은 숲의 향기와 청량한 산새 소리, 더하여 천만 가지 색깔의 아름다운 단풍은 다른 곳에서는 느낄 수도, 볼 수도 없는 신선경이기 때문이다.

이제 곧 가을이 깊어질 것이다. 하루가 다르게 나뭇잎이 물들고, 길가에 낙엽이 쌓인다. 가을바람은 잎을 떨구며 계절의 변화를 말하지만 그 잎들이 땅을 덮고 나면 또 다른 시작을 준비하는 시간이 올 것이다.

 문득 창가에 앉아 떨어지는 단풍잎을 바라본다. 사람도 자연처럼 때가 되면 내려놓고, 지나온 길을 되돌아보며 한 해를 갈무리해야 하지 않을까. 가을이 깊어질수록 마음은 더 차분해지고 한 해의 끝자락이 선명해진다. 낙엽처럼 가볍게 바람에 실려 흩날리는 그 흐름에 나를 맡기고 싶어진다.

## 입동절 _ 저무는 가을이 아쉽다

　절기 따라가 보자고 나선 지 어언 18절기로 9개월이 지났구나.
　오늘이 입동절(立冬節), 겨울의 문턱에 들어서고 있는 11월 7일, 음력으로는 10월 7일이다. 달력으로는 겨울에 들어선다지만 보고 느끼는 계절은 아직 가을이다. 내가 좋아하는 만추(晚秋)다.

　지난날 나는 이맘때면 설악산, 문경새재, 내장산, 지리산 등으로 많이도 나다녔다. 가을 단풍이 그렇게도 좋아서 찾아다녔다.
　한 나뭇잎의 색깔도 서로 조금씩 다르고 같은 수종이라도 나무마다 조금은 다르다. 또 자세히 보면 같은 노란빛이라도 누런 것, 노란 것, 샛노란 것 등 여러 가지로 보여준다.
　이렇게 보면 빨강, 노랑, 파랑의 삼원색만으로도 그 색깔은 헤

아릴 수 없이 많을 것이다. 각기 다른 색깔들이 조화를 이루어 보여주는 아름다움! 가히 어느 화가가 그려낼 수 있겠으며 어느 문필가가 글로 써낼 수 있겠는가!

오직 찾아가서 직접 보고 느끼는 자만이 누릴 수 있는 조물주의 선물일 것이다. 나무만 볼 것인가? 아니지! 맑은 공기, 푸른 하늘, 흐르는 개울물 소리와 산새 소리, 이들이 어울려 이루는 심오한 숲과 웅장한 산, 이 모든 것들은 보고 있는 그때 그 시간에는 다 내 것이 아니던가!

군대 생활을 할 때, 특히 모든 것이 부족했던 1950년대와 60년대에는 의식주(衣食住)의 기본적인 생활수요를 상당 부분 각 부대에서 자체 능력으로 충족했었다. 특히 11월로 들어서는 이맘때면 여러 가지의 월동 준비로 정신없이 바빴는데 지금도 귀한 추억으로 기억되는 것은 김장김치 담그기다.

내가 한 포병대대의 부대대장직에 있을 때다 약 450명분의 월동 김장 책임자로 그 준비와 종결까지 일련의 과정을 체험했었다. 모든 김장재료는 사단 병참부에서 주는 대로 받아 오는 것이지만 그 양과 질은 정해진 대로 잘 받아 오는 것이 기본적으로 중요한 일이었다.

무와 배추를 위시하여 소금과 고춧가루와 드럼통으로 두 통이 나 되는 젓갈, 그리고 파, 마늘, 생강 등을 2톤 반의 일제 닛산 트럭 5대로 실어 왔었다. 그 당시 군 트럭은 6·25 전쟁 때부터 써 오던 낡은 미제 GMC를 대신하여 일제 2톤 반의 닛산 트럭을 사용하고 있었다.

무와 배추가 추위에 얼까 봐 바닥에는 가마니를 두 겹이나 깔고 그 위로는 천막으로 덮었다. 그러고도 김장 담그기를 빨리 시작하려고 다른 준비를 미리미리 해두느라 애쓴 기억도 난다.

김장 작업장은 취사장 옆 개울가에 차렸다. 경험 많은 본부포대 취사반장의 현장 지휘하에 각 포대에서 차출된 사역병 20여 명이 참여했다. 그들의 노력과 자원봉사로 나온 군인 가족 10여 명의 손맛으로 김장김치를 버무렸다. 진한 젓갈 냄새 속에 모두 웃음꽃을 피우며 김장 담그기를 즐거워했다. 김장하는데 필요한 물탱크와 드럼통 기타 큰 연장들은 인접 부대 간에 서로 빌려 씀으로써 이맘때면 군 전체가 김장 시즌에 들어 갔었다.

그 당시 부대마다 크기는 다르지만, 김치 탱크가 하나씩 있어 김장김치를 저장하였다. 김치 탱크 구조가 특이하여 기억나는 대로 소개하고 싶다.

먼저 저장할 김치 양에 맞춰 구덩이를 팠다. 구덩이 밖으로 폭이 약 2m 정도의 작업 공간을 두고서 그 둘레에 흙벽돌로 두꺼운 벽을 쌓아 올렸다. 그 위에 대들보와 서까래를 올려 지붕을 만들고 싸리나무와 억새와 짚으로 지붕을 덮었다.

구덩이 안으로는 김칫국물이 새지 않도록 투덩하고도 두꺼운 비닐을 깔아 초대형 항아리로 만들었다. 나무 사다리를 두어 오르내릴 수 있도록 하였다.

구덩이의 크기는 대략 가로 2m, 세로 5m, 깊이 2m 정도로 기억된다. 김치 탱크 안으로 들어서면 특이한 냄새를 풍기지만 그 속의 김치맛은 어느 민가 김치보다 훨씬 더 좋았었다.

입동 때가 되면 가장 큰 행사가 김장인데, 이는 우리 민족의 오래된 풍속이요 중요한 일상이다. 그러나 세월이 흘러 생활도 변하니 김장을 안 하고 상업 목적으로 만든 김장김치를 사 먹는 사람이 많아졌다. 나도 그런 사람 중의 하나가 되었지만 김장철이 되면 지난날 군대에서 김장하던 생각이 아름다운 추억으로 떠오른다.

# 소설절 _ 심신이 먼저 맞이한 소설

소설(小雪), 이번 절기는 유난히 일찍 다가온 느낌이다. 아직 눈이 내리진 않았지만 내 몸과 마음에는 벌써 차가운 눈이 내려앉은 듯하다. 마치 절기보다 먼저 겨울을 맞이한 기분이다.

입동 즈음부터 기침이 심해지고 가래가 생겨 동네 병원을 찾았고, 결국 큰 병원에서 CT 검사를 받게 되었다. 결과는 폐렴이었다. 의사는 "심하지 않으니 처방한 약을 일주일간 복용한 뒤 다시 검사해 보자"고 말했다. 하지만 일주일 뒤 재검사 결과가 좋지 않아 용인 강남병원에 입원하게 되었다. 날짜는 11월 15일, 절기로 보면 입동(立冬)과 소설(小雪) 사이쯤이다.

폐렴이 노인에게 흔한 질환이라는 건 알고 있었다. 하지만 막상 내가 환자가 되고 나니 '노인의 주요 사망 원인 중 하나'라는 말이 떠올라 조금 겁이 났다. 병원은 집에서 가까운 종합병원이었고, 보훈부 위탁병원이라 의료 장비도 잘 갖추어져 있었다. 나는 마음을 편히 먹고 입원했다.

처음 배정받은 병실은 4인실, 519호 1번 병상이었다. 함께 입원한 환자는 남자아이 한 명과 거동이 불편한 노인 두 분이었다. 이틀 정도 지나고 보니 두 노인 환자는 흔히 말하는 '기저귀 서비스 환자'였다. 간병 중에 냄새가 나고, 밤에도 불을 켜야 했으며, 대화 소리도 끊이지 않았다. 잠을 설칠 때마다 '왜 내가 이런 병실에 있어야 하지?' 하는 생각이 들었다.

알고 보니 이 병동은 '간호·간병 통합 서비스 병동'이었다. 나는 노인이라는 이유로 이곳에 배정된 것 같았다. 결국 1인실로 옮기기로 마음먹고 빈방이 나기를 기다렸다. 입원 5일 차. 마침내 1인실이 비었고 하루 25만 원의 사용료를 감수하겠다는 확인서를 쓰고 508호로 옮겼다.

진료 과정은 단순했다. 입원 첫날 혈관에 주삿바늘을 꽂고 이를 고정한 채 종합영양제 500cc를 24시간 동안 맞았다. 항생제 100cc는 8시간 간격으로 하루 세 번 투여되었다. 입원 4일 차에는 염증 예방을 위해 주삿바늘을 왼팔에서 오른팔로 옮겼다. 3일 간격으로 X-ray 촬영과 혈액 검사도 이루어졌다. 간호사와 간호

조무사가 병실을 돌며 환자를 살폈고, 의사는 하루 두 번 병실을 돌며 검사 결과를 알려주었다. 환자로서는 이 시간이 가장 기다려지는 순간이었다.

지금 나는 508호 병상에 앉아 컴퓨터로 글을 쓰고 있다.

검사, 진료, 입원 시설, 환자 관리까지 전반적으로 불만은 없다. 이 정도면 충분히 만족할 만하다. 사람들은 병원이라고 하면 보통 '큰 병원'을 떠올리고, 큰 병원이라면 곧 대학병원을 연상한다. 특히 최근 의정 갈등으로 주목받은 서울의 5대 종합병원을 먼저 생각하는 경우가 많다. 하지만 이는 일종의 허례일 수 있다. 고도의 정밀 의료기기가 필요한 경우나 오랜 진료 경험이 꼭 필요한 병이 아니라면, 굳이 많은 시간과 노력을 들여 서울까지 갈 필요가 있을까. 의사의 실력은 단지 출신 학교로 판단할 것이 아니라, 전문성과 실제 경력으로 평가해야 한다고 생각한다.

병동 휴게실에서 바라본 바깥 풍경은 특별할 것 없는 소도시의 모습이었다. 전철 분당선 기흥역 근처라 고층 아파트 몇 동이 서 있고, '후판지 공장'이라는 간판이 붙은 큰 공장 건물도 눈에 띈다. 다행히 공장 주변 은행나무 몇 그루가 샛노란 잎을 달고 있어, 무채색 풍경 속에 유일한 색감을 더해주고 있었다.

경부고속도로 신갈 분기점으로 이어지는 왕복 8차선 도로에는 가로수가 줄지어 서 있지만 대부분의 잎이 떨어져 앙상한 가지만 남아 있다. 도로 위를 달리는 차량들의 소음과 바람을 나무들이 고스란히 견디고 있는 듯했다. 이곳은 도시도, 농촌도 아니며, 산이나 들도 아닌 변두리의 초겨울 풍경에 가까웠다.

건물 반대편 창문으로는 기흥구 구갈동이 보인다. 아파트, 빌라, 단독주택이 뒤섞인 전형적인 소도시의 모습이다. 이런 곳에서도 계절의 변화는 느껴질까? 각자의 삶의 자리에서, 저마다의 방식으로 계절을 맞이하고 있을 것이다. 정서적 감동이나 낭만과는 거리가 있어 보이지만, 오히려 인간관계나 사회생활에서 얻는 감동은 더 다양하고 풍부할 수도 있다. 이런 일상 속에도 창작의 소재는 분명 숨어 있을 것이다.

병세는 많이 호전되었다. 기침이 줄었고 가래도 나오지 않아 상태가 나아진 것 같다. 내일 X-ray 촬영과 혈액 검사를 한 번 더 받고 퇴원 여부를 결정하기로 했다.

모레가 소설절(小雪節)이다. 그래서인지 어제와 오늘 아침 기온이 영하로 떨어졌다. 아직 눈은 오지 않았고, 오늘 낮에는 약간의 비가 내렸다. 이번 소설절 기행은 병상에서 마무리될 것 같다. 절기와는 상관없이 '병상 일지' 같은 글로 기록될 뿐이다.

퇴원 후 집으로 돌아가면 아파트 화훼 동호회에서 열리는 국화 전시회가 아직 열리고 있을 것이다. 국화꽃을 보며 저물어가는 가을을 천천히 느낄 수 있기를 기대해본다. 계절은 저물고 있지만, 내게도 또 한 번 새로운 시작이 찾아오리라.

## 대설절 _ 큰눈이 내리다

지난 소설절(小雪節) 즈음에는 눈 대신 비가 조금 내리더니 어제 오늘은 올겨울 첫눈이 엄청나게 쏟아졌다. 11월 27일과 28일, KBS 방송에서는 몇십 년 만의 대설(大雪)이라고 보도했지만, 정확한 햇수는 기억나지 않는다. 다만 매우 드문 큰 눈이라는 사실만은 분명하다.

신문에 실린 위성사진을 보니 경상도 동부 일부 지역을 제외한 한반도 전체가 하얀 눈으로 덮여 있었다. 특히 경기 지역의 적설량이 많았는데 내가 사는 용인 지역은 47㎝로 전국에서 가장 많은 눈이 내렸다고 한다.

28일 아침, 창문을 열고 바라본 바깥 풍경은 인상적이었다. 온 세상이 묵직하게 쌓인 눈으로 덮여 아무런 소리도, 움직임도 없는 그야말로 하얀 적막! 순간, 1951년 12월 강원도 고성군 최전방 고지에서 눈 덮인 북한 땅 해금강 일대를 바라보며 느꼈던 냉혹한 백색 침묵이 떠올랐다. 그때의 차가운 정경이 지금 이곳에서 재현되는 듯했다.

대설절(大雪節)은 12월 7일이지만 절기는 이미 대설로 접어든 듯하다. 아파트 관리소 직원들과 몇몇 입주민들의 헌신적인 제설 작업 덕분에 보행로는 겨우 열렸으나, 단지 전체는 여전히 두껍고 무거운 눈으로 덮여 있다. 다행히 입주민들의 차량은 모두 지하 주차장에 있어 큰 피해는 없었다. 도로 교통에 불편이 생기는 것은 우리 사회의 저력으로 해결할 수 있을 터, 그보다 농촌의 비닐하우스나 임시 건물들이 무너지는 피해가 더 걱정된다.

그러나 이맘때 눈은 많이 와야 한다. "대설에 눈이 많이 오면 풍년이 든다"나 "눈은 보리의 이불이다"라는 옛 속담에서도 알 수 있다. 보리밭에 쌓인 눈은 찬바람을 막아 어린 보리싹이 얼어 죽지 않도록 보호하는 역할을 한다. 농경사회에서 농사보다 중요한 일이 어디 있겠는가.

예전에는 대설 무렵이면 집집마다 메주를 쑤느라 분주했다. 콩을 삶아 찧은 후 네모난 덩어리로 빚어 방 안에 짚을 깔고 말렸다. 곰팡이가 피도록 띄운 뒤, 짚으로 만든 끈으로 열 십(十) 자 모양으로 묶어 보관했다. 우리 민족은 이렇게 메주로 된장과 간장을 만들어 먹고 살아왔다.

12월 7일, 지난번 큰눈이 내린 후 처음으로 뒷산 약수터까지 올라가 보았다. 이미 먼저 다녀간 사람들이 길을 내놓아 걸을 수는 있었지만, 큰 나무가 쓰러진 곳에서는 허리를 굽혀 그 아래로 지나야 했다. 어떤 곳에서는 쓰러진 나무를 밟고 올라가 뛰어내려야 하는 등 다소 힘든 산행이었다.

곳곳에서 크고 작은 소나무들이 부러지거나 찢어져 하얀 속살을 드러내고 쓰러져 있었다. 상록수라 푸른 솔잎을 무성하게 달고 있다 보니, 쌓이는 눈을 그대로 받아내다가 결국 그 무게를 견디지 못해 몸통이 찢기며 쓰러지고 말았다. 모든 소나무가 피해를 본 것은 아니었지만, 내가 본 것만도 수십 그루가 뿌리째 뽑히거나 부러져 있었다. 피해 없이 멀쩡한 나무들은 가을에 잎을 떨궈 알몸이 된 나목들이었다.

큰눈이 내린 지 8일이 지나면서 눈은 많이 녹았다. 쓰러진 소나무들만이 곳곳에 널브러져 숲은 마치 전쟁으로 폐허가 된 도시처럼 처참한 광경이었다.

나라 또한 혼란 속에 빠져 있다. 12월 3일, 윤 대통령의 비상계엄 선포 사건으로 나라가 혼돈에 빠졌다. 국회는 대통령을 내란죄로 탄핵하려는 움직임으로 들끓고 있다. 동지절(冬至節) 이전에 어떤 결론이 나고 새로운 정국이 펼쳐질지 모르겠지만, 정치적 혼란이 쉽게 끝날 것 같지는 않다. 참으로 국가적 불행이다.

밖에서는 다시 바람이 거세게 몰아친다. 하늘에 새로이 먹구름이 끼고, 차가운 기운이 감돈다. 혹여 또 한 번의 대설이 찾아오는 것은 아닐까. 자연은 이 엄동설한 속에서도 봄을 준비한다. 혼란스러운 나라에도 희망의 싹이 돋아나기를 바라본다.

# 동지절 _ 가장 많이 알려진 절기

기다리던 동지(冬至)가 왔다. 특별한 사연이 있는 것도 아닌데 이상하게 매년 이 시기가 오기를 기다리게 된다.

어릴 때부터 "동지섣달 긴긴밤에~" 하며 어른들이 읊조리던 소리를 들으며 자랐고 나이만큼 새알심을 챙겨 먹어야 한다며 팥죽을 한 그릇 가득 퍼먹던 기억도 떠오른다.

겨울철 귀한 나물로 한 끼를 특별하게 장만하던 풍경도 눈앞에 어른거린다. 이런 추억들이 이맘때가 되면 자연스레 떠오르는 걸 보니 동지는 단순한 절기가 아니라 시간 속에서 묵혀진 감성이 스며든 날인 듯하다.

지구의 공전과 자전, 그리고 공전축과 자전축이 이루는 23.5도의 기울기 덕분에 사계절의 변화가 생긴다. 그 변화 중 한 시점,

1년 중 밤이 가장 긴 날이 바로 오늘 동지다.

올해 동지는 12월 21일, 음력으로는 11월 21일이다. 어제 기상 예보에서 눈 소식을 들었는데, 과연 밤사이 제법 많은 눈이 내려 있었다. 아침에 일어나자마자 밖으로 나가 눈이 얼마나 쌓였는지 확인해 보니 적어도 3cm는 될 것 같았다. 밤새 내리는 광경을 직접 보지 못한 게 아쉬웠지만 하얗게 덮인 풍경을 바라보는 것만으로도 반가웠다. 눈은 겨울의 대표적인 표징이자 비보다 더 서정적인 풍경을 만들어준다.

그렇다. 눈도 내렸고 요즘은 밤이 지루할 만큼 길다는 것도 절실히 느껴진다. 그야말로 한겨울이다. 이 춥고 긴 밤, 옛사람들은 어떻게 보냈을까? 아마도 따뜻한 방 안에서 가족들이 모여 이야기꽃을 피우며 시간을 보냈을 것이다. 짚으로 새끼를 꼬고 가마니를 짜고 짚신이나 미투리를 삼으며 삼으로 실을 뽑아 베를 짜는 등 다양한 수공업이 이루어졌을 것이다. 현대 산업사회에서 동짓달 긴긴밤은 개인에게 다양한 휴식을 제공하기도 하지만 깊은 사색 속에서 연구와 창작이 이루어지는 시간도 된다.

예전에는 동지팥죽을 쑤어 이웃과 나누는 풍습이 있었지만 이제는 그런 정겨운 모습이 사라졌다. 나는 죽 전문점 '본죽'에 전화해 동지팥죽을 주문했다. 배달료 4,500원을 부담하고 받은 팥죽을 창밖에 쌓인 눈을 바라보며 한겨울 동지를 음미하듯 맛있게 먹었다. 경기도 중부지방이라 동백꽃을 볼 수는 없지단 따뜻한 방 안에서 새알심을 꼭꼭 씹으며 먹는 이 순간만큼은 충분히 만족스럽다.

시국이 어지럽다. 요즘 돌아가는 정세를 생각하면 마음이 무겁다. 어설픈 비상계엄 선포로 역풍을 맞고, 내란죄로 탄핵당한 윤석열 대통령. 직권을 상실한 채 흔들리는 정국과 절대다수 의석을 차지한 야당과의 대립으로 온 나라가 불안하다. 대통령 탄핵 심판, 야당의 정권 탈취 공세, 경기 불황과 국가 신인도 하락. 거기에 미국 트럼프 대통령의 취임이 임박하며 국제 정세까지 흔들리고 있다.

돈에 양심과 지조를 파는 정치인들, 자신의 안위를 위해 몸을 사리는 사회 지도층. 이 난국을 헤쳐 나가기엔 너무나 어려운 상황이다. 여기에 영향력이 막강한 일부 언론은 국가의 이익보다 자신들의 생존 전략을 우선하며 혼란을 부추기고 있다. 대중은 정치적 선동에 마취되어 어느 한쪽으로 쏠려버리고 사회 정의가 자리 잡을 틈이 보이지 않는다.

이럴 때일수록 우리 사회의 배운 자와 가진 자들의 애국심이 절실하다. 역사를 거울 삼아 국민을 일깨우는 대대적인 계몽운동이 필요하다. 겨울이 지나면 봄이 오듯이 이 혼란 속에서도 다시 균형을 되찾는 시간이 오리라 믿어본다. 그 균형은 누군가의 거창한 결단이 아니라 작고 조용한 책임감에서 시작될지도 모른다. 동짓날 한 그릇의 팥죽을 나누는 마음처럼 모두가 자기 자리에서 조금씩 따뜻함을 실천할 수 있다면 이 겨울 또한 깊은 성찰의 계절로 기억될 것이다.

# 소한절 _ 매서운 추위에 갇히다

 2024년 달력에는 소한(小寒)이 보이지 않는다. 2025년 새 달력을 펼쳐야 소한 절기를 확인할 수 있다. 생각해 보니 지난 동지(冬至)를 기점으로 한 해가 저물고 새해가 시작됐다는 사실이 비로소 실감 난다. 동지를 '작은 설'이라 부르던 옛말도 그제야 가깝게 느껴진다.

 소한절은 보통 1월 5일이나 6일 무렵에 오지만, 2025년엔 1월 5일이다. 이제 다음 절기인 대한(大寒)과 함께 연중 가장 추운 시기로 접어들었다. 소한에 얽힌 속담 두 가지를 떠올리며 그 의미를 되새겨 본다.

 "대한이 소한 집에 놀러 갔다가 얼어 죽었다."

 이는 소한의 추위가 대한보다 더 혹독하다는 뜻이다.

"소한 추위는 꾸어서라도 온다."

이 말은 설령 춥지 않던 겨울이라도 소한 때만큼은 반드시 추워진다는 의미다. 우리 속담은 참으로 구수하고도 실감 난다. 그 속에는 우리 민족의 정서와 삶이 고스란히 담겨 있다.

올해 소한절에는 눈이 제법 내렸다. 하지만 낮 기온이 영상이라 대한이 놀러 온다 해도 얼어 죽을 정도는 아닐 듯하다. 그래도 3~4일 뒤에는 매서운 한파가 닥친다는 예보를 들으니, "소한 추위는 꾸어서라도 온다"라는 말이 떠오른다. 날씨만 추운 게 아니다. 요즘 세상도, 사람들의 마음도 몹시 얼어붙은 듯하다.

며칠 전, 12월 28일 전라남도 무안공항에서 끔찍한 항공기 사고가 일어났다. JEJU항공 여객기가 착륙 도중 사고를 당했고, 탑승자 181명 중 179명이 숨졌다. 단 두 명만 살아남았다는 소식은 더욱 충격적이다.

사고 원인으로는 비행기가 착륙 시 바퀴를 내리지 않은 채 활주로에 진입해 시속 200km로 활주로 끝 콘크리트 구조물에 충돌한 것이 지목됐다. 이 충격으로 화재가 발생하고 기체가 산산조각 났다고 한다. 참으로 안타까운 일이다. 국가가 불안한 상황에서 이런 대형 참사가 더해졌다는 사실은 더욱 마음을 무겁게 한다.

지난 12월 3일 비상계엄 선포 사건 이후, 대통령이 구속되었고,

권한대행이던 국무총리도 탄핵 대상에 올라 사임했다. 지금 대한민국은 경제 부총리가 '대행의 대행' 역할을 맡는 초유의 상황을 맞고 있다. 이런 기형적인 국정 체제가 세계의 조롱거리가 되지는 않을까 걱정스럽다.

 뉴스에서는 매일 대통령 체포를 둘러싼 갈등이 이어진다. 고위공직자범죄수사처장이 대통령 관저에 들어가 체포를 시도했으나 경호처의 저지로 실패했고, 다시 국회에 불려가 "반드시 잡아내라!"는 질타를 받았다.

 국정의 중심이 국회로 옮겨간 지금, 나라 전체가 정치와 법으로만 돌아가는 듯하다. 정치 싸움에 국민의 삶은 뒷전으로 밀리고, 경제는 뚜렷한 방향을 잃고 추락하고 있다. 사리사욕에 빠져 외부 세계를 외면했던 조선왕조 말기의 어리석음이 떠오른다.

 서울 한남동 대통령 관저 앞에서는 서로 다른 주장을 내세운 두 집단이 매일같이 집회를 열고 있다. 한겨울 매서운 바람 속에서 그들은 거리 위에 서서 추위에 몸을 떨며 외치고 있다.

 거리에 나선 이들이 얼마나 고단할지 생각하면 어느 한 편을 떠나 그저 안타까운 마음이 든다. 서로를 향해 소리를 높이는 그 자리에 우리가 함께 나눠야 할 것은 목소리가 아니라 온기라는 생각이 깊어진다.

# 대한절 _ 마음이 춥다

　날씨는 그리 춥지 않은데, 마음이 더없이 차갑다. 새해가 밝아 2025년, 을사년(乙巳年)이 되었건만, 희망이나 설렘은커녕 온 나라에 미움과 다툼만 가득한 듯하다.
　대한(大寒)인 어제는 1월 20일, 월요일. 1월 초순에는 서울 기온이 최저 영하 13도까지 떨어지며 겨울다운 추위가 기승을 부렸지만, 어제는 최저 영상 3도, 최고 영상 8도로 비교적 포근한 날씨였다. 그러나 하늘은 온종일 흐렸고, 분위기는 무거웠다.
　오늘 아침, 창밖이 밝아지기를 기다리다 늦잠을 잤다. 창문이 뿌옇게 흐려 무슨 일인가 싶어 밖을 내다보니, 주변이 온통 뿌옇게 가려져 있었다. 보이는 거리가 50m도 채 안 되는 짙은 안개, 지난 초여름에 한 번 경험했던 그 짙은 안개가 다시 세상을 덮고 있었다. 나중에서야 기상예보를 듣고 알았다. 서울을 포함한 중서부 지역이 초미세먼지로 뒤덮여 있다는 것을. 날씨가 포근해도 온종일 뿌연 하늘이 계속되니, 마음까지 답답하고 무거워진다.

아파트 단지의 풍경도 여전히 스산하다. 곳곳에 쌓인 눈덩이들은 차가운 냉기로 겨울을 붙잡고 있는 듯하고, 뒷산에 올라가도 여전히 황량한 모습 그대로다. 지난 대설절(大雪節) 무렵 내린 큰눈으로 찢기고 부러진 소나무들이 그대로 널브러져 있고, 주변에는 푸른 잎 하나 없는 나목들만 서 있다. 오가는 사람조차 드물어 더욱 적막하다.

"날씨가 차가우니, 세상도 얼어붙었나."

TV와 신문에서는 윤석열 대통령의 구속과 수사를 둘러싼 논란이 끊이지 않는다. 정치 기사마다 서로를 향한 비난과 다툼뿐이니, 나라의 앞날이 어둡게만 보인다.

문득 나훈아 씨의 노래가 떠오른다.

"아, 테스 형~ 세상이 왜 이래~ 테스 형~"

지도자들이 진정으로 국가와 국민을 위해 봉사한다면 나라가 이토록 혼란스럽지는 않을 터다. 내가 할 수 있는 일이라곤 그저 미미한 응원을 보내는 것뿐이니 이 또한 서글픈 현실이다.

며칠 후면 민족 최대의 명절인 설이다. 설 전날, 섣달그믐날 밤에 잠을 자면 눈썹이 하얗게 변한다는 옛이야기가 있다. 이는 긴 밤을 새워 정성껏 설 음식을 준비하고, 온 가족이 함께 차례를 올리며 따뜻한 시간을 보내라는 뜻이리라.

예전에는 온 가족이 한데 모여 정을 나누는 것이 설의 가장 큰 의미였다. 하지만 지금은 시대가 변하면서 명절의 풍경도 많이 달라졌다. 멀리 떨어져 사는 가족들은 온라인으로 안부를 전하고, 차례 대신 간소한 식사를 하며 명절을 보내는 이들도 많아졌다.

변하지 않는 것이 있다면, 설날에 한 해를 돌아보고, 새로운 마음가짐으로 앞날을 준비하는 시간이라는 점이다. 새해를 맞이하는 순간만큼은 분열과 다툼이 아니라 화합과 희망을 이야기할 수 있기를 바란다.

이제 다음 절기, 입춘절(立春節)까지 가야 온전한 한 해를 살아온 삶이 된다. 그동안 보고, 듣고, 느끼며 배운 것들을 글로 남길 수 있다는 것은 나에게는 삶의 활력이고 행복이다.

# 새 입춘절 _ 찬바람 너머 봄

 지구가 태양을 중심으로 한 바퀴를 돌아야 비로소 한 해가 지나가는 것처럼, 절기를 따라가는 여정도 23개의 절기를 지나 다시 출발점에 도달해야 온전한 24개의 절기가 완성되는 것이 아니겠는가. 그렇게 또다시 입춘절(立春節)을 맞이한다.

 해가 다르면 날짜도 달라지는구나. 작년은 달력상 입춘이 2월 4일, 설날보다 엿새 앞서 들었다. 올해 2025년의 입춘은 2월 3일, 설날보다 닷새 뒤에 들었다. 절기를 따라가는 여정에서 입춘절이 설날 가까이에 있는 것을 보면, 입춘을 새해의 시작으로 여겨도 무리는 없을 것 같다. 다시 맞이한 입춘절, 작년과는 어떤 차이가 있을까 살펴보는 것도 흥미로운 일이다.

 작년 입춘절에는 눈이 다 녹아 보이지 않았고, 나무들은 머지않아 새싹을 틔울 듯 보였다. 그러나 올해는 전혀 다르다. 오늘 입춘절을 맞은 아파트 단지의 정원은 여전히 하얀 눈에 덮여 있고, 날씨는 매섭게 춥다. 이곳 용인의 기온이 최저 영하 14도, 최고 영하 4도까지 내려갔다. KBS에서는 '7년 만의 혹한'이라고 보도하고 있다. 우리 속담에 '입춘 추위에 김칫독 얼어 터진다'는 말이 있는데, 올해는 그 말이 딱 들어맞는다.

뒷산 약수터를 오르내리는 길도 예전처럼 쉽지 않다. 눈이 얼어 미끄럽고, 체력도 작년보다 한층 떨어져 한 걸음 한 걸음이 무겁다. 지난 시절을 떠올리며 콧노래를 흥얼거릴 여유도 사라졌다.

나는 정치인도 아니고, 사회적 책임을 맡은 사람도 아니다. 그렇지만 국민의 세금으로 연금을 받으며 살아가는 사람으로서, 지금의 혼란한 나라 상황을 마냥 지켜볼 수만은 없다. 대통령은 탄핵에 이어 구속되어 헌법재판소의 심판을 받고 있고, 국무총리 역시 탄핵된 상황에서 경제 부총리가 대통령을 대신하고 있다. 믿기 어려운 현실이지만, 이것이 오늘 우리가 마주한 모습이다.

국정은 정치와 재판만으로 돌아가지 않는다. 국방은 어떻게 할 것이며, 외교는 또 누가 책임지는가. 경제는 버티고 있는가. 민생은 또 어디서부터 돌봐야 하는가. 국회는 나라의 모든 것을 장악한 듯 보이고, 법원은 신뢰를 잃어가는 모습이다. 지금의 혼란은 결국 상식과 신뢰가 무너진 결과가 아닐까 생각해 본다.

나는 TV와 신문을 통해 세상의 흐름을 본다. 아마 대부분의 사람들도 나와 다르지 않을 것이다. 그럴수록 언론의 역할이 얼마나 중요한지 절감하게 된다. 언론이 애국심과 역사적 책임을 다해주기를 바라는 마음이 간절하다.

올해는 십간십이지(十干十二支)로 을사년(乙巳年) 뱀의 해다. '을씨년스럽다'는 표현이 있다. 날씨나 분위기가 스산하고 쓸쓸할 때 쓰는 말인데, 역사적으로 을사년에는 유독 뒤숭숭하고 쓸쓸한 일이 많았다. 조선 명종 때의 '을사사화(乙巳士禍)', 선조 때의 낙동강 대홍수, 그리고 1905년 나라의 주권을 잃게 만든 '을사조약(乙巳條約)'이 그 예다. 어쩌면 올해도 을사년의 기운이 이어지는 듯해 마음이 편치 않다.

그럼에도 나는 희망을 본다. 정의감과 용기로 거리로 나서는 젊은 세대가 있다. 역사 속 어려운 시기마다 국민은 늘 하나 되어 위기를 이겨냈다. 이번에도 그럴 것이라 믿는다.

입춘을 맞아 '입춘방'을 써 붙였다.

立春大吉(입춘대길) 建陽多慶(건양다경)

봄을 맞이하며 나라의 평안과 백성의 기쁨을 기원하는 마음을 담아 힘껏 붓을 들었다.

  찬바람 속에서도 봄은 오고 있다. 저만치서 분명히 한 발짝 두 발짝 다가오고 있다.

# 단오 _ 태양의 기운이 강렬해진다

달력을 넘기다 보니 올해 단오(端午)는 6월 10일, 음력으로는 5월 5일이다. 단오는 절기를 지칭하는 말이 아니므로 24절기에 드는 것은 아니지만 그네를 타고 씨름을 즐기는 날로 알고 있었다. 절기를 살펴보는 아침에 단오를 좀 더 알고 싶어졌다.

인간은 자연에 순응하며 살아가지만 서로 기쁨과 슬픔을 나누며 함께해야 할 필요도 있다. 그리하여 세시풍속(歲時風俗)이 자연스럽게 생겨났을 것이다.

사철을 품은 우리네 명절에는 설날, 한식, 단오, 추석이 가장 크다. 그중에서도 단오는 한여름을 앞두고 태양의 기운이 가장 강렬해지는 날이다. 이날, 사람들은 조상과 산신께 제를 올려 자손의

번창과 풍년을 기원했다. 임금은 공조*에서 만든 부채를 신하들에게 하사했고, 이를 '단오 부채'라 불렀다. 신하들은 다시 부채를 만들어 친지들에게 선물하며 이 풍습을 널리 퍼뜨렸다.

마을에서는 씨름판이 벌어졌고, 탈춤으로 흥을 돋우며 즐겼다. 여자들은 창포(菖蒲)** 삶은 물에 머리를 감으며 건강과 미모를 기원했고, 여럿이 모여 하늘 높이 그네타기를 즐겼다.

좋구나~, 그네는 창공을 가른다. 노래도 따라나선다.

    세모시 옥색 치마 금박 물린 저 댕기가
    창공을 차고 나가 구름 속에 나부낀다
    제비도 놀란 양 나래 쉬고 보더라

    한 번 구르니 나무 끝에 아련하고
    두 번을 거듭 차니 사바가 발아래라
    마음의 일만 근심은 바람이 실어 가네

단오는 '다섯'이라는 숫자와 깊은 관련이 있다. 홀수는 양(陽)을 의미하며, 그중에서도 가장 강한 수인 5가 두 번 겹치는 날이 바로 단오다. 음력 정월 대보름이 달의 축제라면, 단오는 태양의 축제다. 태양 아래 힘차게 솟아오르는 기운이 온 세상을 가득 채운다.

이러한 단오의 의미는 동아시아 여러 나라에서도 특별한 날로 여겨왔다.

중국에서는 용선(龍船) 경주가 펼쳐진다. 용머리를 한 큰 배에 스무 명 넘는 사공이 올라 힘차게 노를 저어 속도를 겨루는 놀이를 한다.

일본에서는 원래 음력이던 것을 그대로 양력으로 바꾸어 5월 5일을 '단고노셋구(端午節句)'라 한다. 이날 창포 술을 마시고 창포탕에 목욕하여 역병(疫病)을 쫓았다. 또 '고이노보리***'를 올려 남자아이의 강한 기상과 입신출세를 기원했다. '고이노크리'는 잉어 모양의 큰 풍선을 긴 장대에 높이 매달아 바람에 휘날리게 하여 강물을 거슬러 올라가는 잉어의 힘찬 기상을 상징하는 것이다. 나는 어릴 적에 우리 동네에 사는 일본 사람들이 높이 올린 '고이노보리'를 많이 본 기억이 난다.

태양의 기운을 흠뻑 받고 자란 봄철의 풀은 건강에 좋을 것이라 여겨 "오월 단오 안에는 못 먹는 풀이 없다"라는 속담도 생겨났다. 단오 무렵, 온갖 초목은 그 새싹이 한껏 자라 초록으로 세상을 덮었고, 들에는 다 자란 보리가 수확을 기다리며 황금빛으로 물결쳤다.

때는 생명력이 약동하는 계절이니 단오는 참 좋은 명절이다.


\*공조: 조선왕조 중앙행정관서 6조(曹) 중의 하나로 산림, 공사등 담당

\*\*창포: 고온 다습한 이 절기에 전염병 예방에 좋다는 약초.

\*\*\*고이노보라: 잉어 모양의 큰 풍선을 만들어 긴 장대에 높이 매다는 장식품, 붉거나 검은 잉어로 꾸며 한 장대에 두세 마리를 매달기도 하여 바람에 나부끼게 함.

# 기억이 머무는 곳

**초판인쇄** | 2025년 4월 24일
**초판발행** | 2025년 4월 30일
**지 은 이** | 박명철
**펴 낸 이** | 김경희
**펴 낸 곳** | 말그릇
        (우)02030 서울시 중랑구 공릉로 12가길 52~6(묵동)
        전 화 | 02-971-4154
        팩 스 | 0504-194-7032
        이메일 | wjdek421@naver.com
        등록번호 2020년 1월 6일 제2020-3호

인 쇄 | ㈜쌩큐컴퍼니
ⓒ 2025 박명철
값 13,000원

ISBN 979-11-92837-20-8 (03810)

- 저자와 합의하에 인지는 생략합니다.
- 잘못된 책은 구입하신 곳에서 교환해드립니다.

이 도서의 국립중앙도서관 출판예정도서목록(CIP)은 서지정보유통지원시스템 홈페이지 (http://seoji.nl.go.kr)와 국가자료종합목록 구축시스템(http://kolis-net.nl.go.kr)에서 이용할 수 있습니다.